Regina Faerber

Die Ästhetik des Alltags

Regina Faerber

Die Ästhetik des Alltags

Über Sinn und Wesentlichkeit unseres Tuns

Ariston Verlag · Genf / München

Die Deutsche Bibliothek – CIP-Einheitsaufnahme

FAERBER, REGINA:
Die Ästhetik des Alltags: über Sinn und Wesentlichkeit
unseres Tuns / Regina Faerber. – Erstaufl. – Genf;
München: Ariston Verlag 1993
ISBN 3-7205-1761-6

Gestaltung des Schutzumschlages:
Atelier Höpfner-Thoma, GraphicDesign BDG, München
Satz: SatzStudio Pfeifer, Gräfelfing/München
Gesamtherstellung: Wiener Verlag, Himberg bei Wien

Erstauflage: August 1993
Printed in Austria 1993

ISBN 3-7205-1761-6

Inhalt

Vorwort

Die Frage, ob es in allen Menschen etwas Gemeinsames gebe, kann auf zwei Arten beantwortet werden: auf eine materielle und auf eine immaterielle Weise.

Materiell – also in dem Bereich, den wir *sehen* und mit unseren anderen Sinnen wahrnehmen können – haben wir alle einen menschlichen Körper, der bis zu einem gewissen Grad »erforscht« ist und nur geringfügig von dem eines Mitmenschen abweicht. Wir alle existieren hier auf Erden nur für eine begrenzte Zeit und benötigen dafür bestimmte physikalische, chemische und biologische Gegebenheiten in unserer Umwelt, wobei wir unserem Körper geben müssen, wonach er verlangt. Unser Leib wird sterben – wir alle wissen es. Was nach unserem physischen Tod sein wird – und hier beginnt die immaterielle Antwort auf die Frage nach unserem Gemeinsamen –, ahnen wir nur.

Diese Ahnung aber von dem, was wir *nicht sehen* können, ist eine weitere Gemeinsamkeit, die wir teilen: zweifelsfrei eine größere als die unserer Körper, die ungleich bedeutungsvollere nämlich. Auch wenn jeder von uns aufgrund seiner Persönlichkeit und Erfahrung hier auf Erden eine individuelle Sichtweise in Glaubensfragen vertritt – wir alle wissen, daß wir vieles nicht wissen. Mehr noch, wir teilen alle die Sehnsucht, dieses Unbekannte kennenzulernen.

Genau dieser Sehnsucht aber geben wir nur wenig Raum in unserem alltäglichen Dasein. Zu bedrohlich scheint sie uns, zu ungewiß in ihrer Erfüllung. Wir verdrängen sie mit der vordergründigen Realität, die wir *sehen* können, als müßten wir uns trösten – und erfahren doch keinen Trost durch die von uns mühsam geschaffene Dingwelt, die wir so ausgeklügelt organisiert haben, daß sie uns zu verschlingen scheint.

Ängstlich hindern wir uns daran, dem Eigentlichen in uns, der Sehnsucht nach dem Ewigen, nachzugehen, weil wir die Stille des Universums als Entgegnung auf all unsere Fragen nicht auszuhalten vermeinen. Nach allen Regeln unserer »Lebenskunst« betäuben wir uns, lenken wir uns ab, nur um dem Unsichtbaren kein Vertrauen schenken zu müssen.

Das von uns selbst geschaffene Unwesentliche in unserer Welt als Folge der Verdrängung ist so vielfältig und anstrengend, daß wir darüber das Wesentliche vergessen.

Zu einer Zeit aber, in der wir uns noch nicht so gezielt ablenkten, fortwährend »auf Trab« hielten mit all den Dingen, die wir »kaufen müssen« (obwohl wir sie gar nicht brauchen), und mit all diesen Tricks, um uns gegenseitig auszustechen und uns etwas vorzulügen, und in der wir noch keinem kraftraubenden, vielleicht nur wenig geliebten Beruf nachgingen – in jener Zeit also, in der das alles noch nicht war, in unserer Pubertät zum Beispiel, da waren uns das Ungewisse und der Umgang mit unserer Sehnsucht danach noch vertraut: Wir glaubten an Gott, wir fühlten uns in Verbindung mit dem Universum und konnten stundenlang über den Sinn aller Wege mit unseren Freunden sprechen.

Was wir über das Wesentliche sagten, klang sicherer als das, was wir heute darüber zu sagen wüßten. Wir taten vieles, das keinen materiellen Lohn einbrachte, wir schrieben endlose Briefe und halfen einander in einer brennenden Überzeugung, die zum Guten hinstrebte. Dies fand alles relativ unabhängig von unserer Sozialisation, unserem Elternhaus statt. Wir hielten zusammen, leidenschaftlich, fühlten uns mit unseren Kameraden oder Kameradinnen in eine Schicksalsgemeinschaft eingebunden und waren glücklicher, als wir es heute in unserem Erwachsenenleben sind. Dann aber – die Älteren lebten es uns vor, und wir machten von dem Angebot erst widerstrebend, schließlich uns fügend Gebrauch – entfernten wir uns zunehmend von dem Wesentlichen, bis wir schon aus Selbstschutz imstande waren, die Beschäftigung mit dem Ungewissen rückblickend als Träumerei und Schwärmerphase zu entwerten. Und je näher uns der Tod mit all seinen gewaltigen Veränderungen rückt – so die paradoxe Logik dieser »Erziehung« –, desto »notwendiger« erscheint unsere »Vernunft«: nämlich das Verleugnen des Wesentlichen in unserem Leben.

Unendlich vieles ist entstanden, um das Eigentliche zu verdrängen: ein Weltgebilde aus Gegenständen, die immer höher entwickelt werden »mußten«, ein Gebilde aus Wettbewerb und Grenzen, aus Habgier, Haß, Neid und Niedertracht, aus Krieg und geheuchelten Empfindungen – ein Gebilde, das das Wesentliche, unsere Sehnsucht nach Sinn, so schauerlich überlagert.

Die täglichen Nachrichten sind Nachrichten aus diesem Gebilde, sie berichten, was wir uns hier auf Erden geschaffen und wie wir diese Erde zugerichtet haben. Am liebsten würden wir über das alles, was wir da hören und sehen, gar nicht mehr nachdenken. Die Welt, so scheint es uns, ist verdorben, und ihre Bewohner seufzen und arrangieren sich resigniert: Man »kann doch nichts mehr ausrichten«, lautet die unausgesprochene Devise. Um die tausendfachen Möglichkeiten unseres Untergangs wissend, sehnen wir diesen in gewisser Weise sogar herbei, betreiben ihn unbewußt mit, auf daß dieser Irrtanz auf Erden uns einmal gegen jene Wand prallen lasse, die uns zu der Erkenntnis des Göttlichen bringen kann. Daß wir die Katastrophe durch ein verändertes Bewußtsein vermeiden könnten, indem wir das Göttliche, den Sinn unserer

Wege und Prüfungen, *jetzt* zu suchen und zu erkennen beginnen, indem wir eine *neue Ästhetik des Alltags* entwickeln – das ahnen wir nur, aber wir handeln nicht danach.

Wir leben schließlich – vorderhand – kein unerträgliches Leben in all dem, was wir uns zur Ablenkung von den eigentlichen Fragen geschaffen haben. Gefällige Fernsehsendungen unterhalten uns, bunten Zeitschriften entnehmen wir immer wieder neu anregende Moden, hie und da erhaschen wir die trügerische Ahnung eines neues »Lebensgefühls«, mal »Öko«, mal »Eso«, und damit helfen wir uns wieder weiter über die Runden. Wir schließen uns Bewegungen an, folgen »Trends«, engagieren uns eher kurzfristig als intensiv für dies oder das und haben in alledem über weite Strecken das beruhigende Gefühl: Wir sind nicht allein, denn die anderen, die machen es auch so wie wir. Aber wann reden wir mit uns selbst oder mit den anderen wirklich die *Wahrheit?*

Manchmal haben wir Depressionen. Wir zeigen sie keinem, weil wir fühlen (und erfahren haben!), daß sie in diese Welt nicht hineinpassen. Die Warnungen, die wir unseren tiefen Traurigkeiten ablesen könnten, nehmen wir nicht ernst, nicht zum Anlaß grundlegender Veränderungen. Wir ziehen uns zurück und schweigen, hoffend, daß wir »bald wieder dabeisein« können. In solchen Momenten, den Momenten unserer Depression, erscheint uns die von uns selbst geschaffene Lebenswelt einem Krieg vergleichbar. Wie Soldaten, glauben wir, müssen wir mitmarschieren, dürfen wir unsere Angst nicht zeigen; wie Söldner dürfen wir nicht vom Eigentlichen sprechen, vom Göttlichen, weil sonst der »Sinn« unseres kämpferischen, materiellen Tuns auf Erden im Nichts verpuffte und wir weglaufen müßten. Wir teilen diese Gefühle nur unseren allerengsten Vertrauten mit – und auch dann nur unter dem Siegel der Verschwiegenheit. Uns treibt beständig die Angst, aus der »Gemeinschaft der Normalen« (!) ausgestoßen zu werden. Wir, so denken wir auf vielerlei Art, müssen unbedingt »dabeibleiben«, dürfen »nicht ausscheren«, geriete doch sonst unsere – materielle – Existenz in Gefahr. Der Weg, das große Ganze zu verändern, er erscheint uns längst nicht mehr gangbar. Wir handeln zwar noch, haben jedoch vielfach schon resigniert.

Wenn wir aber nun alle ein *anderes* Ziel sähen, unserer Sehnsucht nach Wesentlichkeit nachgingen, wenn wir alle einen anderen Umgang miteinander, eine andere Haltung zu unserem Tun erkennen und erreichen könnten; wenn wir die Zeit des Besitzens und Weiterraffens, die Zeit des Lügens und der Ungläubigkeit zu beenden imstande wären und uns den wesentlichen Zielen, unsterblichen Werten, der Beschäftigung mit dem Immateriellen zuwendeten – und zwar ohne unseren Alltag zu verlassen –, müßte dann nicht eine Veränderung des ganzen Weltgebildes möglich sein? Wenn wir alle uns endlich eingestehen könnten, daß nach unserem physischen Ende, unserem körperlichen Tod, nur die seelischen Kräfte bleiben, würden wir dann nicht ganz anders leben und glücklicher sein? Würden wir dann die harten Prüfungen unseres Lebens nicht in einem ganz anderen Licht sehen, für sie sogar dankbar sein? Wäre das nicht das Ende unseres fortwährend so unverständig eingeklagten »Glücksanspruchs«, und wären wir nicht durch genau dessen Wegfall auf eine ganz andere, viel tiefere Weise glücklich?

Wir könnten heute, jetzt sofort, damit beginnen, unser verirrtes, verdinglichtes Tun in etwas Neues, unendlich viel Reicheres umzuwandeln: mit eigenen, kleinen Schritten, in Ruhe und immer wissender. Auf das konsequente Handeln, die Unbeirrbarkeit, käme es an: Wo wir einmal das Wesentliche spüren, dürfen wir es nicht mehr verleugnen, müssen wir ihm nachgehen und es umsetzen. Dies allein bestimmt die Intensität und die Wirksamkeit unserer Umkehr; denn wir haben nicht mehr viel Zeit dazu. Jetzt den Blick zu weiten für Wesentliches, sich zu beschränken und zu besinnen und danach zu handeln, kann verhindern, daß die Erde, der uns gegebene Lebensraum, in Schutt und Asche zusammensinkt. Wenn wir sie aber bewahren, erhalten wir uns zugleich die Möglichkeit, an ihrem Beispiel, dem Gleichnis Erde, dem Gleichnis unseres Lebens auf ihr, den Blick für das Immaterielle, das Unsterbliche, zu vervollkommnen. Ein Netz aus Wesentlichkeit sollten wir knüpfen, uns sanft verschwören. Leise sollten wir uns verändern, leise und genau agieren, etwas Neues machen, nicht re-agieren und lediglich Altes bekämpfen. Handeln müssen wir, anstatt zu leiden und uns zu beschweren.

Dies soll ein Buch der Gedanken dazu sein, ein Buch des Anfangs.

ERSTER TEIL

Die dem Wesentlichen entfremdete Welt

Über Verantwortung

Der Mensch der Jetztzeit befindet sich – im Gegensatz zu seinen Vorfahren – in einer nunmehr allumfassenden Verantwortlichkeit. Zwar selbst kein Entdecker der Uranspaltung oder Erfinder der industriellen Teilefertigung mehr, ist er bereits als Heranwachsender mit der schwindelerregenden Fortsetzung dieser Entwicklungen konfrontiert: mit einer Gesellschaft, die Konsum zu einem ihrer maßgebenden Prinzipien erhoben und demzufolge das Schwergewicht aller Zielstrebigkeit auf das Materielle verlagert hat, und mit der ständig präsenten, tausendfachen Vernichtungsmöglichkeit der gesamten Erde – –

Die Reihe der Fehlentwicklungen ist endlos, wir wissen sie alle selbst aufzuzählen. Der Mensch der Gegenwart hat diese Misere nicht begründet; der Tanz, den die Welt um das schon in der Bibel beschriebene Goldene Kalb vollführt, ist keine Bewegung nach einer in ihm vorhandenen Musik. Diese seine eigene Musik, um beim Beispiel zu bleiben, diese Schöpferkraft in bezug auf das Wesentliche, die jeder Mensch in sich trägt, wurde schon seit Beginn seiner Kindheit immer systematischer von der Umwelt überhört und durch den Lärm der Maschinen und eine ständige Geschäftigkeit verdrängt. Gleichermaßen ist der Mensch der Jetztzeit daran schuldlos und schuldig. Daß er sich zum Instrument der Unwesentlichkeit machen ließ, sich beugte, ist zwar sein Vergehen; daß man ihm ein solches Verhalten unter Zwängen auferlegte, hält ihn jedoch schuldfrei.

Insgesamt nimmt es nicht wunder, daß angesichts der Ohnmacht, die der einzelne in einer scheinbar so seelenlosen Welt empfindet, dieser sich ebenfalls hinter einer Maske aus Realistik und Unwesentlichkeit versteckt, seine eigene Verantwortung nur zu gerne negiert oder sie den anderen, den »Mächtigen«, zuschiebt und überläßt. Er steht dabei auf seiner eigenen Lebensader – und ist zu deprimiert, um dies zu erkennen. Daß es vielen anderen ebenso ergeht, ist eine Beobachtung, die er, der Mensch unserer Zeit, zwar hin und wieder macht, sie im Grunde jedoch für wenig hilfreich hält, geschweige denn für die Voraussetzung einer gemeinsamen Veränderung erachtet.

So sagt nahezu jeder: »Mir wäre es anders auch lieber...« – und zuckt resigniert mit den Schultern. Man »hat keine Wahl«, muß »das vom Leben nehmen, was die Politik einem übrigläßt«, ist »nun einmal nicht zum Vergnügen, sondern zum Geldverdienen auf dieser Erde«, denn »Geld regiert die Welt«. In Wahrheit aber bestimmt, regiert niemand und nichts unser Leben außer uns selbst. Politiker und alle anderen »Ausübenden der Macht«, ein Chef, ein maßgebender Sachbearbeiter, ein Kontoauszug – sie spielen vielleicht in unser Leben hinein, können uns beschneiden, uns vorübergehend sogar Sachen oder Taten unmöglich machen, aber sie hindern uns keinesfalls daran, unser eigenes Leben selbst zu gestalten. Nicht das wirkliche. Regierende, Chefs, Bankmanager sind Reglementbeauftragte, Dienstleister und Verwalter *unserer* Sache: Was diese scheinbar so mächtigen Menschen (momentan viel zu luxuriös) verwalten, ist in Wahrheit allein *unsere* Angelegenheit. Wir ermöglichen mit unserer Stimme, unserer Arbeit, unserem Geld und unseren Belangen ihr Tun, wie sie uns umgekehrt unseren »normalen« alltäglichen Lebensablauf ermöglichen.

Macht ist also eine Sache des Blickwinkels – Verantwortung trägt jeder. Daß wir dirigiert werden, »nichts ändern können – selbst, wenn wir es wollten« –, ist eine Ausrede, die aus einer gar nicht existenten, anonymen Macht über unser Sein ein bequemes Alibi zimmert, das uns daran hindert, die Konsequenzen aus unserer so oft empfundenen Traurigkeit in dieser Welt zu ziehen.

Traurig, wahrlich, das sind wir. Und passiv, in all unserer ständigen Geschäftigkeit. Es scheint, als hätten wir Angst, unser Leben wirklich als Chance zu erfassen, Angst, es unabhängig von äußeren Faktoren zu gestalten. Als haßten wir im Grunde genommen unser tägliches Leben. Und das nicht ohne Grund – denn so wie Alltag vielerorts gelebt und vorgelebt wird, ist er auch hassenswert, degradiert er uns zu (freiwilligen!) Sklaven der Unwesentlichkeit. Weil wir unseren Alltag falsch gestalten, ihn mit Unwichtigem überhäufen, vergeudet und verzehrt er unsere Zeit, unsere Kraft, unsere Lust – verbraucht er unser Zutrauen in den Sinn unseres Seins, verschleißt er uns schließlich selbst ganz und gar. Und wieder: Es ist unsere eigene Lebensader, auf der wir stehen!

Längst sind wir in einen unguten Kreislauf hineingeraten: Um uns von der täglichen Anstrengung des Unwesentlichen, das grundsätzlich mehr Kraft verbraucht als das, was unseren Seelen entspricht, ein wenig zu erholen und um die Unwesentlichkeit überhaupt aushalten zu können, gönnen wir uns unseren kleinen, egoistischen und selbstzerstörerischen Teil. Übergewichtig essen wir weiter, deprimiert stürzen wir uns in Vergnügungen, die uns – nach kurzem gegenteiligem Effekt – erneut um so stärker deprimieren.

Etwas wirklich grundlegend zu verändern, das erscheint uns unmöglich, und der göttliche Wille in uns, die Beseeltheit im Alltag, ist etwas für diejenigen, die in kirchlichen Bereichen ihr Geld verdienen. In unserem Alltag scheint Gott so manches Mal eine Art Zyniker zu sein, etwas Anonymes außerhalb unseres Selbst. Ohnehin hat die Kirche viele von uns enttäuscht durch ihr ebenso weltfremdes wie gelegentlich allzu weltliches Gebaren, durch ihre dogmatische Interpretation von Macht. Wir befinden uns in Einsamkeit mit unserem Glauben, den wir in vielen Fällen trotz allem immer wieder in uns spüren. Die mangelnde aktive Sinnerfahrung aber in unserem Alltag, die Bedrückung, nicht wirklich wichtig zu sein, lassen wir an unseren Schicksalsgefährten (ein besseres Wort für Mitmenschen), an unserer Arbeit, an Tieren, Sachen und nicht zuletzt an uns selbst aus, indem wir dieses Manko durch Kaufrausch oder Vergnügungssucht, durch Zeitbetäubung bis hin zum Totschlag auszugleichen suchen. Die anderen, unsere Schicksalsgefährten, reagieren, durch uns bedrückt, mit den gleichen Mechanismen, und sie bleiben dabei genauso einsam und unorientiert, wie wir es selbst sind. Wie sollen wir diesen Kreislauf unterbrechen?

Zuerst ist es notwendig, alles, was an Bedrückung in uns und um uns vorhanden ist, als Menschengemachtes zu erkennen. Auch wenn wir persönlich an diesem oder jenem nun Vorhandenen nicht maßgeblich beteiligt waren – die Erschaffer sind es, und sie sind alle Menschen wie wir. Die Politiker und Verwalter von Macht, die Kriegs- und Industrieverbrecher, Kirchenherrscher, Waffenhändler, die emsigen Bewahrer der Kälte des zwanzigsten Jahrhunderts, sie sind alle Vertreter unserer Art, sie tragen die gleichen Sehnsüchte in sich wie wir selbst. Sie wollen geliebt und gebraucht werden, tiefe und schöne Gefühle erleben, und sie möchten, so absurd es in diesem oder jenem Fall auch klingen mag, etwas Sinnvolles, Wesentliches tun. Nicht plumpe Schuldverbrüderung ist hier angesprochen, sondern ein feineres Empfinden: »Die Gesellschaft« sind wir alle, mit allem was ihr angehört. Daß einige von uns sich eine Wesentlichkeit gemäß ihren eigenen Interessen zurechtschustern, anstatt sie einer Rose oder dem nächtlichen Universum abzulesen und in sich das Pendant, die Entsprechung zu dieser Wahrnehmung, aufzuspüren, ist jene Vermessenheit, die mitunter Mutanten gebiert. Dies aber ändert nichts daran, daß wir alle Schicksalsgefährten sind, Reisende auf der Suche nach unserem Ziel. Um unsere gemeinsame Verantwortung zu erkennen, sie nicht länger von uns zu weisen, muß diese Wahrnehmung aktiv und grenzübergreifend (wieder-)belebt werden.

Die Unfähigkeit, im anderen den Schicksalsgefährten zu sehen, also einen Teil unserer selbst, und der Verlust von Geborgenheit in einer Gemeinschaft hängt eng mit einem mangelnden Gespür für das wahre Ich und die eigene Lebensaufgabe sowie mit dem Verlust an geistig orientiertem Gestaltungswillen in unserem Alltag zusammen. Der Verlust dieses Gestaltungswillens wiederum hat unser selbstverständliches Empfinden für das Wesentliche derart verkommen lassen, daß wir in unserem Dasein eine Art Schlacht um Dinge und gegen unseren Nächsten zu erkennen vermeinen. Zwischendurch bäumen wir uns auf: schreien nach Umweltschutz und Abrüstung, begeistern uns nichtsdestotrotz für tödliche Sportarten und besuchen das Pornokino, frönen aktiver oder passiver Gewaltanwendung, fühlen uns überall »dabei« und doch nirgendwo wirklich gehalten. Wir haben das Wesentliche nicht gepflegt, der täglichen Verantwortung ihm gegenüber nahezu total entsagt, finden aus diesem Kreislauf nicht mehr heraus, halten für jegliches Fehlverhalten unsererseits einen sogenannten »Sachzwang« als Begründung für uns und den anderen parat. Dieser vielzitierte Zwang, »weitermachen« zu müssen, »mitzumachen«, systemimmanent handeln zu »sollen«, wird als Axiom empfunden, das nicht von Menschen geschaffen, sondern quasi gottgewollt ist. Der »Sachzwang« ist an allem schuld, wir tun »nur unsere Pflicht«. Suchen wir unser Leben einmal ab nach den Tätigkeiten, die wir allein deshalb ausführen, weil irgendein »Sachzwang« dazu existiert, erbringt das eine erstaunliche Bilanz: Die »Sache«, welche auch immer, beherrscht uns zahllose Male am Tag, wir laufen ihr regelrecht hinterher. Und das, obwohl sie für unser unmittelbares körperliches und geistiges Überleben gar nicht von Bedeutung ist. Wir sollten diesen Sachzwang beseitigen, ehe er uns beseitigt – und endlich wieder zu uns selbst finden. Wir sollten uns selbst und einander die richtigen Fragen stellen und, jeder an seinem Platz, vermindern oder abschaffen, was uns so deprimiert und von unserer »Reise zum Licht« abhält. Wir alle sind in der Lage, konsequent aus dem Bestehenden auszusteigen – ohne zu fliehen. Im täglichen, beseelten und bescheidenen Tun könnten wir unseren Frieden finden.

Wir müßten zunächst die Verantwortung annehmen für das, was da ist, und dann auf vieles davon verzichten: zugunsten der Wesentlichkeit in uns. Es muß uns gelingen, unsere jetzige ungeistig-materielle Realität hier auf Erden in täglicher Arbeit, überall auf der Welt, wieder zum Ursprung von Glück und Sinnhaftigkeit zurückzuführen. Es kann uns gelingen.

Daß das Zerstörerische im Menschen angelegt ist als eine Art Programm, das sich unweigerlich abspult, ist eine Argumentation, die sich immer wieder ausbreitet, wenn über den Zustand der westlichen Welt reflektiert wird.

Ich behaupte: Es gibt dieses Programm nicht, der Mensch ist in seiner Entscheidung frei. In ihm ist das Gute, Erhaltende, Nachdenkliche ebenso angelegt wie auch das Ungute, das Gegenteilige davon. In welche Richtung der Mensch in seinem Erdenleben strebt, welchen Kräften er folgen will, ist seine Wahl – und seine »Prüfung«. Der Himmel wartet auf seine Schüler – und schweigt.

Und genau dieses Schweigen ist es, das uns Menschen unser Tun im guten so erschwert: Die negativen Kräfte ziehen uns mit lauten Stimmen der Verführung zu sich. Und sie machen uns unser Handeln einfacher, als es die Stille der Rosen tut, denn das Negative und das Materielle erlauben uns allergrößte Bequemlichkeit. Das Gute, Immaterielle, hingegen verlangt uns eine aktive schöpferische Kraft ab, täglich und oft unter schmerzlichen Prozessen.

Durch unsere Rückbesinnung auf das Wesentliche kommen wir auf unserem geistigen Weg weiter, leben wir besser miteinander und werden wir dem Tod begegnen können, weil wir dann mehr Vertrauen in die höheren Kräfte entwickelt haben. Das sollte uns Motiv genug sein, uns auf den Ursprung der Liebe zu besinnen, aus dem wir entstanden sind, und unser Gleichnis Leben hier auf Erden mit diesen Augen zu sehen: mit den Augen der Liebe und der Verantwortung zum Wesentlichen.

Beginnen wir mit einer genauen Untersuchung unserer realen Verhältnisse.

Die Medien

Das Unwesentliche, das wir in unseren Alltag einschleichen ließen, wird von uns darüber hinaus aktiv potenziert, indem wir es mit dem Unwesentlichen vieler anderer Alltage, freiwillig und per Knopfdruck, durchmischen: Wir »sehen fern«. Mit wirklichem Sehen freilich haben die bunten Bilder aus dem elektronischen Viereck nicht viel zu tun, denn wir *vermeinen* lediglich, beim TV-Konsum so einiges zu erleben.

Da treten zum Beispiel elektronisch oder chemisch konservierte Abbilder von Menschen vor uns hin, die die gleichen Probleme spielen oder tatsächlich mit sich herumtragen wie wir selbst. Aus der Ferne sehen wir ihnen anonym beim Lösen beziehungsweise Nichtlösen ihrer Konflikte zu – und bleiben inaktiv. Ganze Familien, die nicht mehr miteinander reden, sehen sich Familien an, die miteinander reden; oder auch eine prächtig ausgestattete Spielshow, auf deren Höhepunkt ein Familienvater, der sein eigenes Mobiliar eventuell per Kredit abstottert, unter Beifallsstürmen eine Wohnungseinrichtung zertrümmert. Ein Unmaß an Frustration blitzt hier auf, das schadenfroh und selbstzerstörerisch von Fernsehmachern wie -zuschauern notgedrungen als »Spaß« gehandelt wird, um nur ja keine veränderte Sichtweise aufkommen zu lassen.

Mord an Artgenossen könnte aus diesem Mechanismus heraus ebenfalls als »spannende Unterhaltung« gelten – tagtäglich laufen pro Sender mindestens zwanzig Tötungsdelikte vor den Augen der Zuschauer ab; für den Freitag- oder Sonntagabend sind sie besonders aufwendig verfilmt, denn da eint erschreckend viele unserer Schicksalsgefährten ein schon traditionelles Interesse an

Leichengeschichten, durch die sich immer derselbe Kommissar hindurchschauspielert, einem Unsterblichen gleich.

Von seinem gewohnten Leben durch keine extremen Ereignisse wie Todesfälle und andere Erlebnisse, die uns das Eigentliche, Wesentliche immer wieder kurzfristig in seiner ganzen Tiefe bewußtmachen, abgehalten, verbringt der europäische Mensch nach Berechnungen von Experten im Durchschnitt dreieinhalb bis vier Stunden täglich vor dem Fernsehgerät. Während der Stunden dieser Bilder- und Geschichtenflut aus dem kleinen Viereck, das in neunzig Prozent aller Wohnzimmer einen Ehrenplatz einnimmt und dort meist sogar die Einrichtung quasi als Altar dominiert, lebt der Zuschauer (nach ungefähr acht Stunden sogenannter fremdbestimmter) Arbeit sein eigenes Leben nur sehr reduziert, nebenbei, nimmt es lediglich wie mechanisch wahr.

Da er freiwillig fernsieht, liegt der Schluß nahe: Er will es nicht leben, läßt es sich gerne nehmen und sich mit oft gänzlich Belanglosem zuschütten. In vielen Fällen werden die zahllosen Fremdleben per Knopfdruck wie eine Droge gebraucht. Da dies unter anderem das Resultat einer – wie beschrieben – als sinnlos und unerträglich empfundenen Arbeitswelt ist, tun grundlegende Veränderungen in Arbeit und Freizeit dringend not – und zwar im Menschen selbst, in seiner Haltung zu sich und seinen Tätigkeiten. Dazu folgt im zweiten Teil des Buches mehr – vorerst sei hier mit einer Betrachtung des Mediums Fernsehen fortgefahren.

Nahezu minütlich werden dem passiven Zuschauer dieses Mediums rigide oder subtile Entscheidungen präsentiert: was er zu besitzen, zu kaufen, anderen vorzuweisen hat, um »glücklich« zu werden; wie er sich benehmen soll, um anerkannt zu sein.

Da dies ein Buch ist, das in vielen Bereichen richtige

Fragen zu stellen und adäquate Anregungen zu ihrer seelenvolleren Beantwortung zu geben versucht, als sie normalerweise in unserer allzu oberflächlich eingestellten Umwelt zu finden sind, muß hier auf eine umfassendere Auseinandersetzung mit dem Thema Werbung verzichtet werden. Wie sie »funktioniert«, welcher psychologischer Manipulationen sie sich bedient, um sich in unser Sein einzuschleichen, unser Lebensgefühl zu durchkriechen und unsere Wünsche irrezuleiten, ist in einschlägiger Literatur nachzulesen. Einige Gedanken zur Fernsehwerbung seien hier aber stellvertretend für das Gesamtphänomen »Werbung in den Medien« herausgegriffen.

Werbetreibende sind ungeheuer anpassungsfähig. Nach der imperativen Werbung (»Wasche mit ... !«) entdeckten sie die verführerische, nach der verführerischen die an Umweltbewußtsein und Sicherheitsdenken appellierende. Seit neuestem steht uns nun das »Sponsoring« ins Haus, die wohl hinterlistigste Form von Beeinflussung des sogenanten »Verbrauchers«. Das jeweilige Produkt soll direkt im Unterbewußtsein des potentiellen Kunden »plaziert« werden, und zwar ohne den Umweg über die bewußte Wahrnehmung, daß es sich überhaupt um Werbung handelt. Jedes Mittel also ist recht, um Geld und nochmals Geld zu machen – genug, um die Unwesentlichkeit in allen Varianten auszupolstern und hinter falschen Wichtigkeiten gut zu verstecken. Viele Menschen entziehen sich inzwischen – wo es ihnen möglich ist – dem Zugriff der Werbung, den sie zu Recht als ein Überschreiten ihrer Intimgrenzen empfinden. Aber die allerwenigsten wagen es, sich ganz auszuschließen aus dem Konsumkreislauf. Grundsätzlich anders zu sein als nahezu alle anderen, das hält kaum jemand bis in die letzte Konsequenz durch; nur viele Gleichgesinnte könnten dem einzelnen jene große Erleichterung ermöglichen, die der

Wegfall oder wenigstens die Lockerung eines rein materiellen Erfolgs- und Karrierestrebens bedeuten würde. Einen »Wirtschaftszusammenbruch« oder das heute so schnell herbeigeredete Gespenst von der »sozialistischen Mißwirtschaft« müßte dies nicht zwingend zur Folge haben; lediglich ein Umorientieren wäre die Konsequenz, eine bessere und freiwillige Umverteilung des Wohlstandes, weil sein Fetisch-Status zugunsten einer allgemeinen Geistigkeit verlorenginge.

Was uns davon abhält, diese in vielen Ohren »schön klingende Utopie« zumindest im westlichen Europa wahrzumachen, hängt, behaupte ich, maßgeblich mit unserer Bequemlichkeit, unserer geistigen Trägheit zusammen, die ihren letzten Ursprung in der ängstlichen Frage nach der Alternative zum Bestehenden hat. Was, so fragen wir uns, wartet hinter dem Ausstieg aus der Sucht nach Materiellem, Greifbarem? Jäh sehen wir uns mit der Frage nach unserem persönlichen Glauben in geistigen Belangen konfrontiert. Da stürzen wir uns doch lieber – immer wieder – in das große Spiel des Verführtwerdens hinein.

Zurück zu den Methoden der Verführung, fragmentarisch aufgezeigt am Beispiel Fernsehwerbung: Diese Werbung stellt ein eigenartiges Paradies von »Alltagslust« dar und verleitet so immer wieder unseren auf das tägliche Leben gerichteten Gestaltungswillen zu einer materiellen Bedürfnisbefriedigung. Ohne Animation würde dieser Wille in uns absterben, fürchten wir – weil wir seinen wahren Ursprung nicht erfassen wollen und ihn somit nicht dauerhaft halten können. Indem das beworbene Produkt mehr oder weniger geschickt an Anerkennung oder »Glück« gekoppelt wird, fordert uns etwa eine Kaffeebohnenrösterei dazu auf, uns den ganzen Tag über einer Tasse Kaffees wegen besser zu fühlen. Diese simple Form der möglichen Glückserfüllung im Alltag verwirrt uns im unbewußten Inneren, obwohl wir mit unserem Verstand darüber lächeln, denn das Glück scheint so zum Greifen beziehungsweise Kaufen nahe, daß wir es zumindest »versucht« haben wollen ... Mit einer schrägen, halbbewußten Hoffnung im Bauch nach dem immateriellen Glück dahinter, erstehen wir das betreffende Produkt schließlich – und sind erneut gefangen im Unglück der betrogenen, weil gekauften Hoffnung. In diesem Beispiel ist das Päckchen Kaffee selbstverständlich durch jedes beliebige andere Produkt austauschbar.

Auch das liefert uns Werbung, und wir laufen Gefahr, es mit der Erfüllung einer elementaren Sehnsucht in uns zu verwechseln: ein *sofort erreichbares* Ziel. Äußerst »ästhetisch« (jedes Wort ist mißbrauchbar, entseelbar) gedrehte Minifilme, unterlegt mit manipulativ eingesetzter Musik und zusammengetüftelt aus emotional aufreizenden Kurzszenen, dienen allesamt nur einem Zweck. Ist diese Vorgabe erreicht, das Produkt als so bereichernd dargestellt worden, daß es gekauft werden *muß*, spüren wir unbewußt Erleichterung: Hier kann nun bei nächster Gelegenheit eine Handlung vollzogen werden, die nicht ins Leere läuft, die nicht so ungreifbar ist wie die Antworten auf die vielen Fragen nach dem Sinn unseres Tuns. Eine Handlung, die ein sofortiges, überschaubares Ergebnis parat hat.

Jede »gute Werbung« ist in fünf Sekunden am Ziel. Das gelingt uns oft in fünfzehn Jahren nicht. So schalten wir nicht ab, sondern sehen die kleinen Ergebnismovies hin und wieder sogar gerne, denn unser Leben ist so gänzlich anders als sie.

Dieser Aspekt der Werbung spielt genauso mit dem in uns angelegten Wesentlichen wie das »Werbe-Alltagsparadies«: Unser Streben auf ein Ziel hin (das vollendete

Lebenswerk, letztlich der Tod) wird ebenso mißbraucht wie unser Wunsch, den Alltag lebbar und sinnvoll zu gestalten. Und indem Werbung uns suggeriert, durch die Benutzung eines bestimmten Duschgels oder das Chauffieren eines besonderen Autos in das große Heer unserer Schicksalsgefährten aufgenommen, eingebettet zu sein, spricht sie ein weiteres Bedürfnis an: unsere Sehnsucht nach Zugehörigkeit. Es wird dabei fraglos so getan, als ginge man durch »dick und dünn« miteinander, sobald man im selben Swimmingpool schwimmt.

Daß wir all diese Ersatzbefriedigungen mit unserer Zeit – und dadurch mit dem Verlust an Möglichkeiten, das Wesentliche zu erkennen, zu leben – bezahlen müssen, verbergen wir mit schlafwandlerischer Sicherheit vor uns selbst. »Zeit ist Geld« ist ein altes Sprichwort, das sich an Grausamkeit und Unbedachtheit kaum überbieten läßt. Nach einigem Nachdenken müßte es so lauten: »Geld stiehlt unsere Zeit.«

Denken wir weiter über das Medium Fernsehen nach, zum Beispiel über das Programmangebot. (Von den Nachrichtensendungen wird später zu sprechen sein.) Nehmen wir einmal die zahllosen Filme kriminellen Inhalts heraus. Polizisten, die sich den Teufel um Wesentlichkeit scheren, rasen hinter witzig-pfiffigen oder auffällig als »interessant« zurechtgetrimmten Bösewichten her, um einen durch sie begangenen Mord zu verfolgen oder ein Lager scharfer Munition vor ihrem Einbruch zu schützen, und dergleichen mehr. Die Sympathie des Zuschauers soll – mittels einer szenisch logisch aufgebauten Anteilnahme an dessen Schicksal – zuallererst auf denjenigen Schauspieler gelenkt werden, der am originellsten, launigsten, »unverwechselbarsten«, am unverfrorensten agiert, auf welcher Seite er auch stehen mag. Es herrscht die Moral der kriminellen Handlung in Filmen dieses Sujets vor: Ein »Wertesystem« wurde hier geschaffen, auf dessen Skala »Mord« ganz oben steht. Nur scheinheilig wird er von tapferen Polizeiangehörigen oder Privatdetektiven bekämpft – er bleibt Inhalt der allermeisten »Krimis«.

Unmittelbare Auswirkungen der im Fernsehen endlos ausgestrahlten Straftatorgien sind uns allen bekannt, auch wenn sie nicht gerade laut oder ihrer Bedeutung gemäß verpflichtend diskutiert werden: Besonders jüngere Zuschauer, das belegen Studien zur Jugendkriminalität und auch das Auftreten jugendlicher Straftäter vor Gericht, kupfern zum Beispiel dem Medium Fernsehen Kurzschlußtaten ab, die keinerlei Moralvorstellung mehr unterliegen. Offensichtlich ist hierbei mit der Tat der Wunsch verbunden, zu »fernsehähnlicher« Bedeutung zu gelangen. Nur so läßt sich die gespielte Gelassenheit erklären, jene trügerische Selbstsicherheit, mit der Auskunft über den Tathergang gegeben wird: »Das war alles wie in Zeitlupe, ich bin da 'rein und hab klar Schiff gemacht ...« – so tönte einer der gefaßten Neonazis in Hoyerswerda. Uns allen noch gut im Gedächtnis sind die Täter von Gladbeck, die »jetzt nur noch durch die Medien sprechen« wollten und sich mit ihren Schußwaffen kamerafreundlich in Pose stellten. Endlich ist man doch »auch einmal wer«, so wie der Mörder im letzten »Tatort«. Diese »Action-Helden« für einen Tag, die in der Regel anderen Menschen schweres persönliches Leid zufügen, um zu ihrer »Bedeutung« (beziehungsweise zu Materiellem) zu gelangen, trieb meist dieselbe Not zu ihrer Tat, die sie auch immer wieder vor den Fernseher bringt: die pure Inhaltslosigkeit des eigenen Lebens und das Gefühl, als Selbst minderwertig zu sein. Das hilflos destruktive Gebaren dieser Fernseh- und Videotäterschaft (»Ich hatte eben Bock auf Zoff« – Hoyerswerda – beziehungsweise »Tja, wenn se stirbt, kann ich nix für« – Gladbeck) ist letztes Warnzeichen eines Seelensuizides auf Raten, längst nicht mehr von den Betroffenen erkannt. Die Hochrechnung, was passierte, wenn wir in Westeuropa die sogenannten »amerikanischen Verhältnisse« in puncto Fernsehangebot und Zuschauerverhalten bekämen, muß jedermann alarmieren.

Weitere Aufmerksamkeit gebührt den zahllosen Straftaten, die uns täglich (so wir fernsehen) in unsere vier Wände gefunkt, gesäuselt und geschossen werden: Sie sind nämlich prinzipiell folgenlos. Ein Schuß fällt, der Getroffene bricht zusammen, Schnitt. Wurde er getötet, so sehen wir anschließend keinesfalls seine Hinterbliebenen bei der Auswahl eines Sarges, die Witwe oder den Witwer sich schlaflos im Bett wälzen. Hinterbliebene der Ermordeten gibt es in Kriminalfilmen nämlich meistens nicht; wenn, dann geben sie knappe, effektvolle Sätze von sich, die allein die Funktion haben, die kriminelle Handlung aufzuklären oder weiterzuschrauben. Ist der Getroffene nicht getötet, sondern »nur« verletzt, so müßte nun eigentlich gezeigt werden, wie er sich in monatelanger schmerzhafter Rekonvaleszenz wieder hochrappelt. Dies aber wird tunlichst ausgelassen; es »gäbe zuwenig her«, schließlich will man laufend »Action« in die Hirne und Bäuche der Zuschauer hämmern, respektive (als Konsument) gehämmert bekommen.

Auffällig ist noch, daß Mord im Unterhaltungsprogramm (ähnlich dem propagierten Kauf in der Werbung) immer einem vordergründigen (unwesentlichen) Ziel unterworfen wird. Der Täter hat ein klares Motiv – zumeist Habgier oder Rachsucht. Die Suche nach Wesentlichkeit ist es in der Regel nicht, die ihn zur Tat trieb. Dies, wie auch die Folgenlosigkeit der brutalen Handlungen, führt wiederum dazu, daß nur ein bestimmtes Spektrum des menschlichen Einfühlungsvermögens durch das Fernsehen geschult wird.

Es fällt auf, daß unsere Gesellschaft – bis hin zur Gerichtsbarkeit – viel weniger Gedanken auf das Leiden des Opfers als auf die verständnisfördernde Beschäftigung mit dem Täter verwendet. Selbst Staatsverbrecher schlimmsten Kalibers, die zahlreiche Menschenleben kaltschnäuzig »geopfert« haben, finden (weil sie alt, krank oder in anderweitig bedauernswerter Verfassung sind) mehr Nachsicht, als daß die von ihnen Geschundenen zu ihrem Recht kämen ...

In gleicher Weise bewirken die unendlich vielen Filme »rein menschlichen« Inhalts eine massive Verfremdung unserer Fähigkeit zur Wirklichkeitswahrnehmung. In biederen Familiengeschichten (hier und da mit einem Schuß Drogenschicksal oder Homosexuellensubkultur versehen) spielen der Alltag und die oftmals »blitzartige« Bewältigung seiner Banalproblematiken die Hauptrolle, ohne aber richtungweisende Lösungen, geschweige denn eine Besinnung auf das Wesentliche anzubieten.

Die Fernsehrealität durchgreift die Lebensrealität, der real Lebendige imitiert die Fernsehrealität – ein unheilvoller Kreislauf mit ungleichem Kräfteverhältnis: Denn für den Durchschnittszuschauer erscheint sein Leben erst dann attraktiv, wenn es im Fernsehen gezeigt wird. Jeder und jedes, sofern nur einmal »im Fernsehen vorgekommen«, wird mit größerem Respekt betrachtet als, sagen wir, eine tatsächliche Krankenschwester mit zwei Jahrzehnten Berufserfahrung.

»Der war sogar schon mal bei GOTTSCHALK« oder: »Bestimmt! Ich hab' es mit eigenen Augen gesehen, im Fernsehen!« sind Aussprüche, wie wir sie alle schon einmal irgendwo gehört oder selbst gesagt haben. Zusammen mit der fassungslosen Reaktion auf »Stars«, die man leibhaftig« gesehen hat, wenn diese es wagen, sich einmal außerhalb des Filmvierecks zu bewegen, beweisen sie mit trauriger Deutlichkeit: Das Fernsehen als verfälschtes Abbild unserer Wirklichkeit wird ungleich höher eingeschätzt als der direkte menschliche Umgang miteinander. Wir leben durch das Fernsehen in einer entselbsteten und zugleich verfremdeten Realität. Kein rasensprengender Nachbar hat den Glanz eines rasensprengenden Schauspielers. Hier schwingt auch eine dumpfe Faszination der Masse mit: Was viele sehen, ist bedeutend, was nur einige sehen, bedeutet so gut wie nichts. In diesem Sog verbirgt sich die Abgabe des individuellen, menschlichen Lebens mit all seinen zeitlichen, räumlichen, körperlichen und seelischen Bedingungen an ein Massen-Monstrum aus synthetischem Leben.

Eine gesteigerte Form der Entselbstung des Zuschauers, die nicht einmal mehr einen Hauch von Wirklichkeitsnähe zuläßt, ist die »Unterhaltung« in den Fernsehprogrammen: Shows, Shows, Shows mit sich infernalisch gebärdenden Musikerfratzen oder kindischem Dumdumdum, das den Fernsehkonsumenten zum Säugling degradiert, der sich, gezielt eingelullt, vergessen soll. Bei Spielshows ist überdies mit der Art des »spielerischen« Wettbewerbs eine oft nicht einmal verhohlene Menschenverachtung verknüpft, eine Erniedrigung für Zuschauer und Kandidaten.

Allgemein läßt sich sagen: Im »heiteren« Sujet des Mediums Fernsehen wird entweder eine irreale Glamourwelt geboten, die den Zuschauer seinen Alltag erst vergessen und danach noch mißlicher empfinden läßt, oder es geht um Witze und Klamauk aller Art, bevorzugt um solche sexuell verklemmten beziehungsweise enthemmten, lebensmüden oder verdummenden Inhalts. Beseeltes und liebenswürdiges Amüsement (à la Curt Goetz zum

Beispiel), das sich zu solcherlei Entgleisungen nicht herabwürdigt, gilt als langweilig und anachronistisch, ist damit so gut wie nicht im Programmangebot vorhanden.

Der erschreckendste, orientierungsloseste (im Sinne des Wesentlichen) Zweig der Fernsehunterhaltungsbranche hat sich dem Mischmasch aus tatsächlich begangenem Mord, Tod und »spannender Unterhaltung« verschrieben. Gemeint sind feste Sendezeiten mit der Realität nachgestellten Kriminalfällen, die real geschehen sind und im Film nachgespielt werden, oder Live-Berichterstattungen von Tatorten. Würde in solch einer arglos als »Magazin« bezeichneten Fernsehsendung direktübertragen, also »live« gestorben, wäre aus der Sicht der Sendungsmacher und ihrer Fangemeinde ohne Zweifel eine Art besonders prickelnder Höhepunkt erreicht. In Amerika existiert bereits das Destillat dieser Entwicklung: Im dortigen »Private TV« wird den Programmabnehmern eine Sendung namens »Live-Death« angeboten, die gegen Übernahme der Beerdigungskosten live das Ableben eines zuvor lange und scheinheilig ebenfalls mit der Kamera begleiteten Dahinsiechenden überträgt.

Die Nachrichtensendungen im Fernsehen nun (»in zehn Minuten um die Welt«) verzeichnen in allen Sendern extrem hohe Einschaltquoten. Nachdem unsere Welt in so beängstigender Weise verwirtschaftet zu werden droht, scheuen sich auch die Fernsehverantwortlichen nicht mehr vor der Abbildung, dem Abfilmen von Sterbenden und blutüberströmten Opfern. Die Vermutung, daß eine Art gemütlicher Horror, nämlich zu Hause am »nett gedeckten Eßtisch« dem Krieg anderswo zuschauen zu können (und dabei zu wissen: dieses Spiel ist *echt*), ein gewichtiger Grund für den enormen Erfolg der inzwischen im Fachjargon »Infotainment« genannten Nachrichtensendungen ist, mag misanthropisch erscheinen – man muß aber annehmen, daß die Welt anders aussähe, wenn auch nur vierzig Prozent der Zuschauer aus wahrhaftigem, mitleidendem Interesse jene Beiträge verfolgten und persönliche Konsequenzen daraus zögen. Vermutlich vermischen sich der gemütliche Horror und das wirkliche Erkennen von Leid mit etwas Drittem: dem Wunsch nach einer schlagartigen Veränderung der Welt.

So haben, nach meiner Beobachtung, bei der Kriegsberichterstattung vom Golfkrieg 1991 sehr viele Fernsehzuschauer geradezu ein Gewitter unbewußter Erleichterung empfunden, einem aufgehenden Geschwür dieser Gesellschaft gleich, schaurig durchsetzt mit einer verhohlenen Kriegsgeilheit aus ebendenselben Gründen.

Ferner, um das grob überrissene Spektrum des Fernsehangebots abzurunden, sind in den öffentlich-rechtlichen Programmen noch Kirchenbeiträge per Gesetz, sozusagen zwangsweise, untergebracht, die einen merkwürdig alibihaften Eindruck hinterlassen (von der Rolle der Kirche und ihrem Beitrag zur Verrohung, zum Nichtaufgehobensein der Menschen der Gegenwart, ist in einem späteren Kapitel die Rede). In den öffentlich-rechtlichen sowie privaten Sendeanstalten werden Gesprächsrunden (»Talk-Shows«) mit eloquenten Selbstwerbern, die nur selten um den Gegenstand der Unterhaltung ringen, veranstaltet. Und schließlich sei hier noch auf die raren Sendungen höherer Qualität verwiesen, wie zum Beispiel Dokumentarspiele oder sachliche Informationssendungen, die die wenigen Foren detaillierter Auseinandersetzung bilden sowie vereinzelt sinnbezogene Filme.

Bei letzterem, bei den auf das Wesentliche ausgerichteten Filmen respektive ihren Machern, fällt immer wieder ein »Ingmar-Bergman-Weg« auf: Nach kurzer Zeit arbeiten die Regisseure der beseelten (!) Vision lieber mit den

Mitteln des Kinofilms weiter. So sind sie nicht der Schnellebigkeit und den »Sachzwängen« des Fernsehens unterworfen und können an sich und ihr Publikum einen wesentlicheren Anspruch erheben. Das höhere Budget der Kinofilmproduktionen dürfte hier als Argument nicht ausreichen. Kino ist eine andere Medienrealität, weil der Film als Film begriffen, ohne Nebenbeschäftigung verfolgt, eigens aufgesucht und wesentlich höher bezahlt werden muß. Ein einzelner Kinobesuch kostet soviel Geld wie etwa ein Monat Fernsehberieselung, ergo wird er sorgsamer ausgewählt als ein Fernsehbeitrag. Auch hier aber, im Kinofilm, ist eine steigende Tendenz zu Gemetzel- und Blödelfilmen spürbar – der allgemeine Trend zur Selbstentfremdung in einer orientierungslosen Zeit.

Wieder zurück zum Fernsehen: Wer nun sind die Macher dieses Mediums? Einmal, selbstverständlich, die Zuschauer. Zwar kann man nicht gerade behaupten, daß deren Meinung in den Fernsehredaktionen mehr als eine Fliege an der Wand beachtet würde (bei SDR und SWF in Deutschland, zum Beispiel, wird telefonische Zuschauerkritik grundsätzlich mit Zustimmung beschieden und anschließend nicht einmal notiert), jedoch würde das Ausklinken von bereits dreißig Prozent aller Fernsehkunden ein nicht zu ignorierendes Zeichen für die gesamte Fernseh-»landschaft« bedeuten – man denke nur an die schlagartige Reduktion der Gebühren beziehungsweise an ins Leere laufende Werbebotschaften.

Die Zuschauer also sind der entscheidende Faktor beim Massenmedium Fernsehen. Es liegt auf der Hand und ist doch vielen nicht bewußt; nicht umsonst gelten sie als passive Konsumenten. Eine launige Anmerkung sei hier erlaubt: Die Einschaltquote wird auch durch diejenigen erhöht, die neben dem eingeschalteten Fernsehgerät telefonieren oder während einer Sendung einschlafen.

Die »Macher« des Mediums nun, die Produzenten, Sendeleiter, alle direkt Beteiligten einer Sendung (die als »Ausführende« nur eine untergeordnete Position in der Fernsehhierarchie einnehmen) sowie die Mitglieder der Fernsehdramaturgien und Redaktionen (in denen das meiste entschieden wird) haben fast alle ein – oft gar nicht so empfundenes – gemeinsames Problem: Sie leiden an einem eklatanten Mangel an Bezug zum Wesentlichen und müssen zwecks dessen Verdeckung viel, viel Geld verdienen. In gewisser Weise also sind die meisten von ihnen Schicksalsgefährten von so manchem unter uns. (Wie mit Geld in den Fernsehanstalten umgegangen wird, ist ein naheliegendes Thema. Hier nur soviel dazu: Die Gehälter jedes dort Beschäftigten stehen in keinem Verhältnis zu seiner Anstrengung.)

Fernsehmacher sind Verantwortliche, ohne Verantwortung zu übernehmen; sie sind pragmatische Manager wie auch die Werbetreibenden oder manche Politiker, und wie zwanghaft befinden sie sich ständig auf der Suche nach einem Programm, das »lückenlos durchläuft«. Damit kommen sie dem Wunsch vieler anderer Menschen nahe: Stillstand scheint ihnen Rückschritt zu sein. Professionelle Zeitstehler sind sie, und sie stehlen sich selbst die Zeit gleich mit. Indem sie über den eigenen Tod und über ihre eigentliche Verpflichtung durch ihr Sein auf der Erde, ihre Lebenszeit, nur wenig nachdenken, ist es ihnen möglich, Mord und Totschlag als Programmgestaltungsmittel Nummer eins zu bevorzugen – nur dies ist eine plausible Erklärung. Der Effekt, der mit der Bedrohung des menschlichen Lebens bei menschlichen Wesen immer zu verbuchen ist, wird nicht hinterfragt, sondern erweist sich als praktisch: »Schuß« – kürzer kann man eine Geschichte nicht erzählen. Die Idee neuer, beseelter Denkansätze erscheint allzu kompliziert und nicht einmal notwendig.

Dem kulturellen Auftrag, der zumindest den öffentlich-rechtlichen Sendeanstalten einstmals in guter Absicht auferlegt wurde, wird dort bewußt immer weniger nachgekommen. Der Zuschauer wünsche das vorhandene Programmangebot, wird kurzerhand erklärt, und man müsse wettbewerbsfähig mit den »Privaten« bleiben. Im Klartext: Nicht einmal die, die ihr Geld nicht selbst zu erwirtschaften haben, leisten sich den Rückzug auf zumindest einen Ansatz von Beseeltem. Persönliche Habgier einzelner Fernsehmächtiger mag ein tieferer Grund für diese Art von freiwilligem Verharren in unerträglichen Verhältnissen sein: Denn die meisten Führungskräfte der öffentlichen Sender sind allein deshalb auf »höhere Einschaltquoten« (daß Mord und Verblödung sie erbringen, ist uns, den Zuschauern, zuzuschreiben) erpicht, weil dies ihre Qualifikation bedeutet, von den privaten Sendern (deren Etat mit der Anzahl der potentiellen Werbekunden steht und fällt) abgeworben zu werden – für noch mehr Schandlohn monatlich. Dortselbst, bei den Privaten, wird den Fernsehkonsumenten eine fortwährende Niveausenkung der TV-Programme geboten: eine Schraubzwinge um die Köpfe der Zuschauer, die sich aus persönlicher Raffsucht einzelner Macher beständig weiter zudreht.

Selbstverständlich sind im Kreise dieser Fernsehmacher auch Ausnahmeerscheinungen anzutreffen, der eine oder andere Nachdenkliche, den sein Gewissen plagt. Hinaufgelangen in der Hierarchie wird er damit in der Regel nicht. Hier sei der Verdacht gewagt, es könne sich dabei um ein Politikum handeln: Die bestehenden Strukturen der Gesellschaft sollen im Dinglichen, Nihilistischen verhaftet bleiben. Den »Vorteil« davon haben einige hundert Macht- und Geldmenschen, die keinem diejenigen Inhalte gönnen, die sie selbst verloren haben. Der Rest der Menschheit schweigt dazu erschöpft und sich ohnmächtig fühlend, oder findet für sich die Lücke im System, die ihn zum Wesentlichen gelangen läßt.

Der »Fernsehkonsument« soll also sprachlos gehalten werden, überflutet von Themen, Machweisen, »Inhalten«, die er im Innersten nicht wollen kann – und dies deshalb, weil Impotenz, als Unfähigkeit zum Wesentlichen definiert, die Sendeleitungsetagen regiert. Die Wenigen dort, die das Wesentliche bewußt in sich tragen, werden mit »Sachzwängen« zum Erhalt der bestehenden Fernsehstruktur so lange genötigt, bis sie entweder (und das ist kein Einzelfall) in der Psychiatrie landen oder sich einen anderen, ihnen mehr entsprechenden Wirkungskreis wählen. Dies alles läßt mich die Betrachtung des Mediums Fernsehen mit einem Schlüsselsatz beenden: In seinen – zwar von Menschen besetzten – Chefetagen wird an die Menschheit schon längst nicht mehr geglaubt.

Nach der Definition, daß ein Medium dann gut ist, wenn es den Menschen nicht total beliefert, sondern ihm einen Freiraum für die eigene Gestaltung von Wahrnehmung, die eigene Aktion und das eigene Selbst läßt, stellt das Radio ein weitaus akzeptableres Medium dar als das Fernsehen. Gehörtes muß umgesetzt werden in Bilder, Vorstellungen, Gefühle; kreative Energie ist – wie auch beim Lesen – aufzubringen: Der Konsument wird zum Mitschöpfer. Das Radio wird selten als Möglichkeit hektischen Lebensersatzes mißbraucht werden können. Bedauerlicherweise aber tut auch dieses Medium auf vielen Kanälen das Seine, um am »Ball« der Zeit, der Unwesentlichkeit, zu bleiben. Unzählige Privatradiostationen schießen wie Pilze aus dem Boden – hier wird der bereits erwähnte »Sachzwang« zu geistig unterbelichteter und seelisch abgestorbener Programmgestaltung aufgrund von purem Konkurrenzdenken besonders deutlich, wenn auch die Kriminalität nicht vorherrschend programmfüllend ist. Dafür liefert das Radio ständig (laut Media Control hören vierzig Prozent der deutschen Bevölkerung acht Stunden und länger täglich Radio – den ganzen Arbeitstag über also) eine Fülle »hörergeeigneter« – also stark eingekürzter – Informationen, mit denen wir genaugenommen nichts anfangen können. Als »Teppich« für die »Infofacts« und auch als eigenständiger Programmteil wird endlos Musik abgespielt, entweder schmachtenden Herzens und die Welt als einen einzigen Sonnenaufgang darstellend oder mit einem affenartigen Rhythmus versehen, schneller als unser menschlicher Pulsschlag, was uns erwiesenermaßen in aggressive und mechanisch sexualisierte Stimmung versetzt.

Auch hier ist es wichtig, die raren Kulturprogramme der öffentlich-rechtlichen Sender auszunehmen. Allerdings haben sie in der Meinung vieler den Stellenwert der Entbehrlichkeit; sie sind ein Luxus, mit dem die »Privaten« gar nicht erst anfangen wollten. Die dort gebotenen Sendungen jedenfalls erfordern genaues Zuhören; mitunter jedoch wird auch hier, diese Randbemerkung sei gestattet, der zynische Nihilismus einiger »Kulturschaffender« spürbar, was dem Wesentlichen wiederum zu keiner Renaissance verhilft.

Ein gutes Medium, ebenfalls nach dem oben erläuterten Kriterium betrachtet, bilden die Zeitungen. Sie verlangen uns am meisten geistige, kreative Eigenarbeit ab, und zugleich ist der Grad der Entselbstung relativ gering (Revolverblätter à la »Bild«, Königshäuser-Glanzheftchen und dergleichen natürlich ausgenommen). Hier, in der Tages-, Wochen- und Fachpresse, ist sachliche Auseinandersetzung, Meinungsbildung eher gefragt. Mithin sieht auch die Werbung anders aus: nicht infantil greinend, uns etwas vorsingend, sondern eher informativ, weniger imperativ.

Wer Buchstaben in Vorstellungen, Visionen, Gefühle und Gedanken umsetzt, bringt aktive Arbeit ein – und ist somit kritischer und bewußter. Das Produkt Zeitung wird in der Regel sorgfältiger hergestellt, bedachter, weil der Inhalt nicht schon in der nächsten Sekunde »versendet« ist. Geschriebenes, Gedrucktes wird als Teil beständiger und verpflichtender Kultur begriffen. Das gilt in ganz besonderen Maße für Bücher – siehe das diesem Kapitel entsprechende im zweiten Teil dieses Buches.

Jedoch sogar im Fachbereich der Zeitungen – der zwar den letzten Teil unserer Medienbetrachtung bildet, aber gedankliche Querverbindungen des Lesers zu allen Arten von Submedien und hier nicht erwähnten Medienbereichen ausdrücklich anregen soll – gilt, daß wir überhäuft sind mit Nachrichten und Bildern, die wir nicht mehr verarbeiten können. Zwar werden wir von vielen Informationen häufig sehr bewegt, aber was nützt es uns, wenn wir einen blutigen Aufstand in Burundi beweinen, während unsere eigenen Anliegen, unsere unmittelbaren Chancen zur Wesentlichkeit, nicht ergriffen, sondern von weit entfernteren Ereignissen verdrängt wurden? Sind also die kosmopolitische Verbreitung von Weltneuigkeiten und eine gewisse Sucht in uns danach nicht eher eine Blockade, die uns an unserer Sinnsuche, an unserem Leben hindert? Ist nicht eine Grenze der Belastbarkeit erreicht, wenn jeweils einer sich mit allem konfrontiert sieht und dadurch gelähmt und inaktiv wird? Können wir nicht die Informationen über nähere oder weiter entfernte Ereignisse *gezielt* wahrnehmen lernen, um daraus Konsequenzen für uns selbst und unser Handeln zu ziehen?

Und: Nützt uns wirklich eine Form von Unterhaltung in den Medien, an die wir uns schon fünf Minuten später nicht mehr erinnern können? Entspannt sie uns tatsächlich? Berührt sie uns in der Seele? Müssen wir an Wettspielen teilhaben, quizzen und knobeln und mitquasseln, während uns die Zeit, die Zeit zur wesentlichen, tiefen und entspannten Schönheit des Lebens – die Zeit unseres Lebens! – immer weiter davonläuft?

Hinterläßt die ständige Infiltrierung durch alle Arten von Medien, ihr Kontrast zu unserem eigenen Leben, nicht eine unheilvolle Vermischung von Realität und Medienrealität in unseren Gehirnen? Kann dies wirklich das Leben sein? Sind unsere Hirne nicht längst schon verwirrt, von all dem nutzlos in sie Hineingesendeten, Hineingeflöteten, Hineingeschlagzeilten; sind sie von all dem nicht schon längst total überanstrengt? Bräuchten wir unsere Geisteskraft nicht dringend für Notwendigeres?

Das entseelte Tun – die Leere verdecken

Ehe wir uns – wiederum anhand einiger Beispiele, die Sie zur gedanklichen Fortsetzung des Kapitels anregen sollen – mit der weiteren Beobachtung der entselbstenden Freizeittätigkeiten neben dem Medienmißbrauch beschäftigen, sei an eine auf den ersten Blick weit hergeholte, religiöse Überlieferung erinnert: an die Geschichte von LUZIFER, dem gefallenen Engel.

JESUS CHRISTUS, so lehrt die Überlieferung, sei der »eingeborene« (in das weltliche Leben hineingeborene) Sohn Gottes; Luzifer hingegen sein »erstgeborener« Sohn, von Gott selbst als ein eigenständiges Wesen erschaffen, zu seiner Überprüfung, Abgrenzung und Selbsterkenntnis. Luzifer, mit freiem Willen begabt, fällt und *ver*fällt – bleibt aber ein von Gott geliebtes Kind und leidet in seinem selbstzerstörerischen Kampf im Dunkeln, weil er nicht zu seinem Vater, seinem Ursprung zurückfindet.

Lassen wir nun Christus und Luzifer, die beiden symbolischen Wesensgestalten, beiseite; sie erinnern vielleicht so manchen unter uns an die teilweise von Kirchen oder auch Sekten in ihrem Namen verfolgten unheiligen Ziele. Die reine Erkenntnis aus der Überlieferung jenes dialektischen Prinzips aber ist für uns Menschen der Gegenwart von atemberaubender Relevanz: Das »Gefallene« in uns, die Lust am Grausamen und das Leugnen des Göttlichen, das partiell entseelte Tun und Sein, die quälende Selbstzerstörung, dies alles ist ein Teil des Guten, will letztlich zu ihm zurück, ist der (Irr-)Weg der Erkenntnis. Es bedarf keines Beweises dieser These: Unser Gewissen allein, das zu einem überwiegenden Teil nicht als Produkt unserer Umwelt zu identifizieren ist, zeigt uns, daß wir hier einer Grundwahrheit in uns begegnen. So ist auch immer dort, wo das fragwürdige Vergnügen des Zeitvergessens am spektakulärsten, lautesten inszeniert und zelebriert wird, unter der grellen Maske der Desorientierung das stärkste Unbehagen spürbar.

Schauen wir uns um: Der Wunsch nach fortwährender, ablenkender Beschäftigung in der »arbeitsfreien« Zeit, beinahe schon eine Sucht zu nennen, hat bereits die Jüngsten unter uns ergriffen. Schon Zwölfjährige jagen heute in ihrer Freizeit von Beschäftigungstermin zu Beschäftigungstermin, »müssen« die ganze Palette an »Freizeitspäßen« regelrecht durchexerzieren, um Schritt zu halten mit dem, was ihnen vorgelebt wird – bis auch sie dann, als junge Erwachsene, unter Umständen vollständig vergessen haben, was in ihnen zur Arbeit am eigenen Selbst, für ein Leben eingedenk des Wesentlichen ganz natürlich angelegt ist.

Menschen, die »keine Zeit« haben, weil sie die Zeit ihres Werdens hier auf Erden hinter immer hochentwickelteren Ausweichbeschäftigungen verstecken und ihren Lebenssinn immer weniger annehmen wollen, bringen mit subtilen Botschaften ihrem Nachwuchs bei, wie man »keine Zeit« hat – dies alles in einer Gegenwart, in der gerade aufgrund des Fortschritts für die Erkenntnis des Wesentlichen immer mehr Zeit zur Verfügung stehen könnte. Unsere Vorfahren, deren alltägliche Besorgungen unvergleichlich mühsamer verrichtet werden mußten, empfanden dadurch einen klaren Bezug zum Sinn ihres Tuns. Von der praktischen Umsetzung dieser Erkenntnis in unserem heutigen Alltag wird im zweiten Teil des Buches die Rede sein.

Wörter wie »Freizeitspaß«, »Hobby« und die Formulierung, daß »immer etwas abgehen« müsse, beherrschen unsere Gegenwart – die Stille hat den Geschmack von Peinlichkeit und Zurücksetzung bekommen. Die Fluchtmöglichkeiten indes sind vielfältig, mitunter gefährlich und lebensmüde. Ein bunter Teppich aus Entselbstungsmechanismen, ein Flickenteppich, wird über das Gefühl innerer Leere ausgebreitet.

Zunächst sind hier alle Arten von vorsätzlich erweckter Lust zu nennen und deren jederzeit zur Verfügung stehende »Befriedigung«; eine ganze Industrie lebt zum Beispiel von dem in den Medien und an jedem Heftchenkiosk beständig erzeugten sexuellen Leistungsdruck und natürlich auch von der Fehlleitung unserer eigentlichen Wünsche und Triebe. Wir wollen einander nahe sein, das göttliche Gefühl der Liebe erleben, und schaffen es über weite Strecken nicht. Die Selbstentfremdung ist schon zu weit fortgeschritten. Die Liebe, das wirkliche Aneinanderwachsen, die ganze Mühsal des gegenseitigen Kennenlernens – es dauert uns zu lange, wir sind schnelle Befriedigung gewohnt, wechseln aufseufzend das »Programm«, wenn es uns zuviel abfordert.

Notgedrungen also, immer mit dem Blick auf das uns in den Medien vorgegaukelte, ständig verfügbare, unbeschwerte »Glück«, gehen wir mit uns selbst und unseren Geschlechtsteilen um wie mit allen Gegenständen unserer Welt, die uns zu Willen zu sein haben. Mit rasch wechselnden Partnern haben wir vielleicht flüchtige Sexualkontakte, oder wir besuchen irgendeine Einrichtung der Pornoindustrie und bleiben traurig hinter diesen Erlebnissen, die das Wesentliche in uns nicht berühren, zurück. Da wir den Schmerz des Unglückes als Makel und nicht als Chance begreifen, flüchten wir uns um so schneller in das nächste Erlebnis, tarnen uns hinter dem stets im Munde geführten Satz, daß es uns »gutgeht«, und werden, nachdem es die anderen neben uns ebenso halten, immer einsamer in unserer »Ich-pack's«-Gesellschaft. Dann aber lächelt uns irgend jemand im Straßenverkehr an, und es mag sein, daß wir erstaunt feststellen: Jedes Lächeln zwischen zwei Menschen ist inzwischen vielsagender geworden, läßt unser Herz anders schlagen, auf die beseelte Weise nämlich, als so manche sexuelle Hingabe aneinander. Pornographie in allen Varianten: Unter selbsterzeugtem Zeit- und Leistungsdruck suchen wir gewaltsam die Liebe, um deren Verlust vor uns selbst zu verbergen. Ein zerkratztes Plastikherz tragen wir aus der Schlacht um schnelle Befriedigung davon, das in unserer Brust nie wird schlagen können. Bei nächster Gelegenheit werfen wir es weg, halten Ausschau nach einem Austauschherzen und werden immer blutärmer dadurch.

Eine andere, ebenfalls körperlich wie seelisch latent suizidale Ersatzhandlung ist überzüchtetes Eßverhalten – ein »Freizeitgenuß«, der oft äußerst kultiviert ausgeübt wird. Ein allgemeiner Einwurf erscheint hier vonnöten: Es ist ein Zeichen unserer Zeit, daß die wahre Ästhetik, die Gesetzmäßigkeit der Lebenskunst also (der Begriff *Ästhetik* – laut etymologischer Definition die Lehre vom sinnlich Wahrnehmbaren und nachfolgend von den Gesetzmäßigkeiten der Künste und des Schönen – stammt aus einer Zeit, in der es keine Vorstellung von den Künsten gab *ohne* deren Verbundenheit mit den immateriellen Kräften des Lebens), geradezu systematisch mit »Styling« verwechselt wird, mit materialisiertem Überfluß folglich. Es handelt sich hierbei aber um zwei so grundverschiedene Inhalte, genauer gesagt um einen Inhalt und einen Nicht-Inhalt, daß man von Gegensätzen sprechen muß.

Zurück zur »Edelvöllerei«: Man speist in luxuriös »gestylter« Umgebung, ohne Hunger und demzufolge zuviel, gerade darum aber nur das Erlesenste vom Erlesenen:

»Wachtelzunge an Gänseparfait« zum Beispiel. Eßzelebration solcherart ist eine Beschäftigung, die jeden Geisteszustand absorbiert und einlullt – unmöglich, dabei ein Gespräch von Mensch zu Mensch, von Seele zu Seele zu führen. Genau dies aber ist der gewünschte Effekt: Fortwährend vom Kellner auf dieses oder jenes aufmerksam gemacht, besteht die Sprache der Eßzelebranten zumeist aus fachkundigen Adjektiven über das jeweilige Kleinod auf dem Teller. Auch hier: Mit der inneren Leere des entseelten Tuns, jedoch zu luxustrunken, um dieses Gefühl zu identifizieren, verläßt man das Lokal der Verwechslungen. Das einzig wirklich Erleichterte mag in manch einem solchen Moment der Geldbeutel sein.

Das vielfach gestörte Eßverhalten (Übergewicht, Magersucht) unserer westlichen Überflußgesellschaft, von wertschätzendem und andächtig bescheidenem Genuß weit entfernt, gipfelt im Krankheitsbild der Bulimie, der Eß-Brech-Sucht also, einem Leiden mit gewaltig ansteigender Rate. Es ist ein symptomatisches Leiden – auch für unsere Zeit, Raffgesellschaft, Lebensweise. Die innere Leere wird mit einer materiellen Masse zugestopft, das Hineingestopfte kann nicht verarbeitet werden und muß somit zwanghaft durch körperliche Selbstmanipulation wieder erbrochen werden. Sterbliches, Materielles wird als einzige Hilfsmöglichkeit gesehen. Man investiert in diesen Irrtum und verspürt anschließend eine große Enttäuschung über die Vergänglichkeit des Materiellen – eine Enttäuschung, die bis zum Selbsthaß reicht. Hier wird er mit Symbolkraft deutlich: der luziferische Kreislauf.

»Freizeitanimation«, ein ebenfalls florierender Gewerbezweig, ist eine weitere Fluchtmöglichkeit, die diesem Kreislauf zugeordnet werden kann. Angesprochen ist jener hart organisierte Amüsierbetrieb, der das Wort »Animation« in geradezu zynischer Manier für sich in Anspruch nimmt. Hier wird gleich ganz deutlich und ohne Umschweife gesagt, daß etwas von außen bewegt, *belebt* werden muß: der Mensch. Einige Beispiele, wie dieses »Leben« von außen an die Menschheit herangeschafft wird: Seit geraumer Zeit betreiben Berufsanimateure sogenannte »Erlebnisrestaurants« (Essen allein ist zuwenig) mit Toilettenbrillen als Sitzplätzen oder »menschlichen Beistelltischchen« – der Gast kann seinen Teller auf einem Mädchenpo abstellen (*Clo*, Berlin – *Let him go*, Hamburg). Hierbei handelt es sich keineswegs um einschlägige Etablissements, sondern um Lokale »für die ganze Familie«. Oder: In jeder besseren Diskothek werden inzwischen »Long Fever Nights« oder »Beach Parties« angeboten (*Djungle*, München – *Perkins Park*, Stuttgart). Auf diesen Veranstaltungen klatschen sich schon mal Gäste aus dem Publikum freiwillig an die Wand – in eigens dafür präparierten Klettverschlußkostümen an eine mit einer Haftvorrichtung versehene Mauer. Dieser »spider web« genannte Zeitvertreib trifft den Nagel auf den Kopf: Man wirft sich weg. »Bungee«-Springen, auch sehr beliebt und nicht gerade billig dazu, haben wir alle inzwischen schon einmal irgendwo gesehen: Einem einfachen Nylonseil ihr Leben anvertrauend, werfen sich »Todesmutige« (!), hin und wieder auch Rollstuhlfahrer, für die es Seilsonderkonstruktionen gibt, kreischend in einen Abgrund. »Lasershooting«, und damit sei diese grauenhafte Aufzählung beendet, ist ein »Freizeitspaß« der Zukunft, gilt noch als Geheimtip in Sachen »modern fun«: Zu heißen Rhythmen können wir einander in Diskotheken mit Laserstrahlen »totschießen«. Von der deutschen Vertreiberfirma wird dieses »Spiel als entspannender Betriebsausflug für die ganze Belegschaft« empfohlen, der durch »Abreaktion das Klima unter den Mitarbeitern verbessert«. Normalerweise entspannt und beruhigt uns nur, was unsere wesentlichen Interessen berührt. Entspannen wir uns eines Tages wirklich, indem wir aufeinander schießen, dann wird es unser wesentliches Interesse geworden sein, daß wir einander totschießen *wollen.*

Auch in der Touristikbranche ist »Animation« eine Art Zauberwort. »Keine Minute Langeweile!« verspricht so mancher Veranstalter und empfiehlt vorsorglich: »Buchen Sie Ihr Nonstop-Strand-Spaß-Programm!« Selbst auf kulturell gehobener Ebene existiert der Wunsch der Reiseanbieter, ihre Kunden vor dem eigentlichen Leben, auch dem eines anderen Landes, zu bewahren. Bucht man einen »Kulturtrip« nach Kairo zum Beispiel, so hat man Gelegenheit, sich nach »einem anstrengenden Ausflug in die Innenstadt Kairos beim Candle-Light-Dinner zu entspannen«. Das Hotel, so wird noch versichert, sei »vollklimatisiert« und »schalldicht«. »Schalldicht« ist in diesem Fall besonders wichtig, man könnte ja sonst vielleicht vor dem Einschlafen in gebügelter Wäsche in den unmittelbar an die Devisenhotels angrenzenden Slums die Sterbenden schreien hören.

Die Exotiksucht aber kennt wenig Gnade: Es muß weit weg gereist werden, um jeden Preis, muß fotografiert, konserviert und gespeichert werden, was man sieht – die seelische Wahrnehmung indessen hat in der knappen Ferienzeit kaum eine Chance. Man wird zu Hause anschauen, was man in der Ferne gesehen hat – oder auch nicht.

Solche Reisen sind dem Lesen eines Buchklappentextes vergleichbar: Beides ermöglicht ein oberflächliches Halbwissen, das oft genug als Kompetenz und tiefgehende Erfahrung verkauft wird.

Je weiter weg also vom eigenen Leben, desto attraktiver wird ein Reiseziel empfunden; je weiter der Fluchtweg, desto weniger Zeit bleibt, um über Ursache und Sinn der Flucht nachzudenken. Dahinter verbirgt sich auch eine spezifische Art Selbsthaß der westlichen Zivilisation, ein schlechtes Gewissen dem Eigentlichen gegenüber: Exotisches, weit Entferntes zu besuchen bedeutet zugleich eine Reise in Vergangenes, in Einfachheit oder verschiedene Arten von Frömmigkeit. Man besucht auch die Religiosität eines entfernten »Exotenvolkes«, aus Sehnsucht oder als Alibi.

Fassen wir alle diese Gedanken zusammen, und spüren wir ihrem Wahrheitsgehalt nach: Wir verbrauchen, soviel wir bekommen können, in allen Variationen, fliehen aus uns selbst heraus, immer auf der Suche nach dem göttlichen Gefühl. Wir konsumieren übermäßig viel Alkohol oder andere Rauschdrogen, sind vielleicht auf der Jagd nach immer neuen Kleidermoden oder rechnen uns immer wieder die Zinsen unserer Bankguthaben vor. Fühlen wir uns sicher dabei? Speziell als Individuum wahrgenommen? Kann die Masse, der wir uns wegen bestimmter Attribute oder Vorteile zurechnen oder entheben wollen, mit all diesen Mechanismen der allerorts verdeckten Leere uns Geborgenheit geben? Kann sie überhaupt ein Kriterium sein, muß nicht jeder selbst in harter Arbeit seine Sinnprüfung bewältigen, sich auf die Attraktivität seines individuellen Lebens rückbesinnen? Wie fühlt er sich wirklich an, jener bunte Flickenteppich unter unseren Füßen, den wir über unsere totgeschwiegenen Fragen ausgebreitet haben? Wie fühlen wir uns, wenn wir auf ihm tanzen?

Die leeren Worte

In der Entselbstungsgesellschaft bleibt nicht mehr viel Platz für ehrliche Worte – rein formell und ohne echten Bezug ist unsere alltägliche Rede zumeist. »Danke, gut!«, sagen wir beinahe automatisch, wenn uns jemand nach dem Befinden fragt; die Zeit, den Mut, die wahre, fast nie in der scheinbar erforderlichen Knappheit mögliche Antwort auszugraben, nehmen wir uns selten; und jeder von uns hält das für »ganz normal«. Wir zwingen uns dazu oder möchten es inzwischen sogar freiwillig: kein »Sand im Getriebe zu sein«. Und dann: Vielen unserer Schicksalsgefährten trauen wir nicht genug, um ihnen unsere Wahrheiten mitzuteilen. Durch unser reibungsloses Verhalten im Gespräch mit anderen bedienen wir täglich insgesamt etwa zwei bis drei Stunden den mächtigen Apparat des Aneinandervorbeiredens – und leisten damit unseren beständigen Beitrag zur Inflation der Worte.

Versuchen wir im Gespräch mit einem anderen zu beobachten, ob er wirklich über *sich* Auskunft gibt, so werden wir, sofern wir unser Gegenüber nicht außergewöhnlich gut kennen, feststellen, daß wir dies gar nicht herausfinden *können*, da uns hinter den stereotypen Gesprächsverläufen allein schon die sprachlichen Anhaltspunkte für die Einschätzung unseres Gegenübers abhanden gekommen sind. (Wie wir lernen können, »zwischen den Worten« die Gefühle und Zustände unserer Schicksalsgefährten zu erkennen und wie die Worte wieder ihren Stellenwert, ihre Gültigkeit, erlangen, davon im zweiten Teil des Buches mehr.)

»Wir lügen alle«, pflegte ARTHUR SCHNITZLER zu sagen, »wer es weiß, ist klug.« Ich möchte diesen Satz mit einem zweiten ergänzen. »Und wer es hinnimmt, verhindert sich selbst.«

Ein alltägliches Beispiel zur Konkretisierung, was mit obenerwähntem »Apparat des Aneinandervorbeiredens« gemeint ist: Eine Frau sitzt mit einer Bekannten in einem Café, und überlaut hören wir die Frau erzählen: »... Dann waren wir alle in diesem Wochenendhaus, das Herr G. seiner Frau gebaut hat. So ein Haus! So ein Mann, der Herr G., also wirklich super! Alles mit Holzböden, in diesem Haus, auf zwei Etagen, ist man im Nu fertig, einfach wischen! Und toll haben wir uns unterhalten, ein spitze Wochenende...!«

Was sagen uns diese Worte? Zunächst, daß die Erzählerin wenig eigene, speziell kreative Worte findet für ihre Beschreibung (»super«, »spitze«, »toll«). Und daß sie wahrscheinlich in den Augenblicken ihres Sprechens den Zugang zu ihren eigenen Gefühlen hinter jenem Wortparavent verloren hat.

Versuchen wir das Gesagte zu deuten, so könnten wir – ganz entgegen der Darstellung der Frau – zu dem Schluß gelangen, ihr euphorischer Redefluß sei eine indirekte Aufzählung von Mängeln. Wahrscheinlich würde die hier Redende lieber ein anderes Leben leben, ein Leben ohne Teppichböden und vielleicht sogar darüber hinaus mit einem anderen Mann. Im Gespräch aber mit ihrer Bekannten nimmt sie ihr Unbehagen und damit sich selbst nicht ernst, geht sie rasch darüber hinweg, höchstwahrscheinlich nicht einmal bewußt. Kann denn nun die Bekannte überhaupt in der Lage sein, aus dem Gesagten das Eigentliche, die Wahrheit, herauszuhören? Ist sie nicht vielmehr durch das Verhalten der Erzählenden dazu fehlgeleitet, nach Belanglosigkeiten – wie etwa der Farbe des Holzbodens oder dem Vornamen des Herrn G. – zu fragen? Und vor allem: Wie geht nun das Gespräch *seelisch* weiter? Was wird seine Bedeutung nach Beendigung sein? Hat man sich ausgetauscht?

Natürlich nicht, sagen wir, oder nur sehr bedingt – das erwähnte Beispiel ist schließlich allzu banal, viel zu extrem gewählt. Bleiben wir aber ehrlich mit uns selbst, so müssen wir uns eingestehen, daß *genau so*, vielleicht auf einer anspruchsvolleren Ebene, unser alltägliches Miteinanderreden meistens verläuft: ein Faktenaustausch, der so gut wie nichts bekennt und der uns einsam zurückläßt hinter unseren eigenen Worten beziehungsweise denen eines anderen.

In Wortfluten stürzen wir uns oft, wenn wir uns verstekken wollen oder gar nicht mehr wissen, wie wir uns fühlen. Wir neigen dann zu Aufzählungen, um Zustände nicht beschreiben zu müssen. Wir fühlen auch, was uns die oft viel zu große Lautstärke unserer Worte sagt: daß wir Angst haben, seelisch ungehört zu sein. Und den Part der Zuhörerin in unserem Beispiel kennen wir auch: Wie oft fragen wir nicht nach den Zuständen und Wahrheiten unseres Gegenübers, sondern lassen es gewähren in seinem Wortschwall – überlastet durch eigene, nicht beantwortete Fragen? Oft genug denken wir währenddessen im geheimen weiter, an etwas ganz anderes, an uns selbst vielleicht und die eigenen Probleme, aber nicht an denjenigen, dem wir vorgeben zuzuhören. Vielleicht ertappen wir uns selbst auch dabei, wie wir mechanisch Fragen stellen, wenn der Redefluß des anderen abzureißen droht – nur, um selbst nicht gefordert zu sein, um nicht nach Wahrheiten gefragt zu werden.

Wie lange ist es her, daß wir mit unseren besten Freunden nächtelang diskutierten – über Angst, Tod, Gott – und die Zeit dabei vergaßen; daß wir nach der Tiefe des Schmerzes im anderen fragten oder das Glück als absolut manifestierten? Wie weit entfernt von unserem jetzigen Leben liegt diese Zeit, in der wir versuchten, mit Worten das Unsichtbare sichtbar zu machen – so konzentriert und intensiv, als würde es nie ein nächstes Gespräch geben? Die Zeit, in der wir so genau zuzuhören verstanden, daß uns keine Silbe, kein Unterton unseres Gegenübers entging; die Zeit, in der wir sogar kleine Gespräche nebensächlichen Inhalts gewissenhaft führten und jedes gesagte Wort uns Pflicht war? Vielleicht war diese Zeit die Zeit unserer Jugend, in der wir alle Träume und Wege erkannten, oder vielleicht war es der Zeitraum unserer letzten Verliebtheit, vielleicht auch war gerade jemand uns Nahestehender gestorben – das *existentielle Gefordertsein* jedenfalls ist es, was uns zu wirklichem Gespräch befähigt. Sind wir am Pulsschlag des Lebens, dort, wo Schmerz und Liebe einander berühren, dann lassen wir uns durch unseren Instinkt für das Wesentliche leiten – und suchen ihn nicht mit Unwesentlichem zu bezwingen.

In den anderen Situationen, in denen wir uns sozusagen neben dem Leben stehend empfinden, neigen wir dazu, uns zu zerreden – oder auch uns jener autistischen Gewohnheit des Nichtssagens zu unterwerfen, die viele von uns für andere genauso undurchschaubar macht, als würden sie unentwegt belanglose Worte um sich streuen.

Aber haben wir nicht alle ein angeborenes Bedürfnis, uns einander wirklich mitzuteilen? Brauchen wir in Wahrheit nicht alle einander und haben uns allein aus Resignation, doch keine Nähe und Hilfe zu erfahren, dazu entwickelt, so oft unverbindliche, leere oder eben gar keine Worte an unsere Schicksalsgefährten zu richten?

Begegnen wir uns nun am Arbeitsplatz. Als allgemein selbstverständlich wird dort hingenommen, daß Konkurrenzkampf und Leistungsdruck vorherrschen. Jeder will »weiterkommen« – meint also immer freundlich sein zu müssen, möglichst keinem eine unterschiedliche Behandlung zuteil werden lassen zu dürfen. Wir zeigen uns »loyal«, sagen Dinge, die wir nicht glauben, und geben Stellungnahmen ab, auf die wir privat »nicht festgenagelt« sein wollten. Es sind aber *wir*, die hier agieren – unsere Seele trennt nicht zwischen Arbeitszeit und Privatstunden –, aus unserem Munde kommen oft wissentlich unvertretbare Worte. Im wechselseitigen Austausch mit anderen, die im gleichen Dilemma stecken, verlieren wir schnell den Boden der Glaubwürdigkeit unter unseren Füßen oder haben ihn schon verloren. Als ein Kampf, »jeder gegen jeden«, wird die Arbeitswelt empfunden: ein Kampf mit subtilen Waffen, die aus Angst voreinander geschmiedet sind. Unsere »Qualifikation« steht auf dem Spiel, also sprechen wir nicht über unsere Sehnsüchte und Wahrheiten, sondern rüsten voreinander auf mit falschen Worten und strahlen mit den anderen um die Wette. Wir wollen doch »erfolgreich« sein.

Im privaten fällt es uns dann nicht selten schwer, die zurückgedrängte Seele in unseren Worten wieder zuzulassen, den wahren Worten eine Chance zu geben. Immerzu fühlen wir uns von irgend etwas gedrängt und drohen uns selbst zu zerreißen: Worte werden als Kitt benutzt, um zu verdecken, daß die Substanz eines Baus vielleicht gar nicht mehr stimmt. Nur wo wir wahrhaft lieben, heben sich die verbalen Zwänge, in die wir uns gebracht haben, auf: Dort akzeptieren wir die Wortinflation nicht, halten wir sie nicht aus; wo wir lieben, wollen wir eine gültige Sprache sprechen und uns auch bei anderen auf deren Worte fest verlassen können. Wo wir lieben, suchen wir die Wahrheit – und fühlen in uns dann auch eine nahezu unbegrenzte Kraft dazu. Kraft für die beseelten Worte, die wahren Worte.

Kinder sind grundsätzlich Liebende, zunächst. Sie wollen die Wahrheit von uns und voneinander wissen, geben sich ganz ihrer Fähigkeit zum Unmittelbaren hin, der ein Teil unseres Instinktes zum Wesentlichen ist. Wenn Kinder miteinander reden, so können wir, was die Sprache als Verständigungsmittel anbelangt, feststellen: Kein Wort ist Makulatur. Kinder kennen keine Floskeln, keine glatten Gesprächsabläufe; Scheinehrlichkeiten begreifen sie erst einmal gar nicht. Unsere Reaktion auf das unmittelbare und ehrliche, sinngreifende Sprechen unserer kleinen Schicksalsgefährten ist dann meist erzieherischer Art, als handele es sich um einen Sprachfehler, der beseitigt werden muß. Systematisch bemühen wir uns, Kinder im Lauf der Jahre von ihrer Ehrlichkeit abzubringen, sie von ihren eigentlichen Worten abzulenken. Ein Beispiel: Ein Kind holt gerade Luft, um etwas womöglich ganz und gar Unberechenbares zu sagen, vielleicht sogar, daß es uns nicht leiden kann, sofort wird es mit einer rein formellen Frage blitzschnell in die Berechenbarkeit abgedrängt: »Na, was willst du denn einmal werden?« Noch ehe das Kind sich eine Antwort auf die Frage ersinnen kann, reden die Erwachsenen über etwas anderes weiter. Dieserart wird dem Kind schon früh das Scheingespräch vermittelt, und es lernt, daß es Fragen gibt, die im Grunde nichts wissen wollen, die jedoch dazu dienen, eine permanent »ungefährdete« Stimmung aufrechtzuerhalten. Bei der nächsten rein formellen Frage wird das Kind – um überhaupt gehört zu werden – mit irgendeiner schnellen Antwort »dabeisein«, oder es wird schweigen.

Eine weitere Beobachtung: Nicht nur formell und ohne eigenen Bezug sind unsere alltäglichen Gesprächsabläufe zumeist – das einzelne Wort selbst verblaßt zunehmend in seiner ursprünglichen Bedeutung. Es ist nicht nur die Not von Pubertierenden, wenn zum Beispiel das Wort »schön« nicht mehr ausreicht, sondern durch »voll schön« ersetzt werden muß. Die Gummiwand vor dem eigentlichen Adjektiv drückt aus, daß das Adjektiv »schön« zu wenig, zu leer geworden ist. Und Politiker, wenngleich mit qualitativ gehobenem Wortschatz, geben durch manch eine sonderbare Spracherfindung (»Super-GAU«) demselben – unbewußten? – Gefühl Ausdruck: Das Eigentliche, Wesentliche kann in einer Welt der aufgeblähten Sprache gar nicht mehr gesagt werden. Politiker sind traurige Meister einer Gesellschaft, die sich selbst, ihre abstrakten Tätigkeiten und ihre Bedrohungen nicht mehr in Worte faßbar glaubt. Der Mensch aber ist in dieser Realität nahezu immer noch derselbe geblieben wie vor hundert oder tausend Jahren: mit seinen im Grunde so sagbaren Bedürfnissen nach Liebe, sinnvollem Tun, Frieden und Geborgenheit. Lernt er es nicht mehr, entsprechend seinen Wünschen in direkten und inhaltsklaren Worten zu sprechen, könnten die Zustände, die sich hinter der Sprachaufblähung verbergen, ihm bald zum finalen Verhängnis werden.

Die ständige Wortemacherei kaschiert jedoch glänzend unsere geistige Not, die mangelnde Entschlußkraft zur konsequenten Umkehr. Wir leben mit der Inflation unserer Sprache und glauben, uns in den täglichen Anforderungen keine »Sprachkostbarkeit« leisten zu können. Lieber flüssige Idiotie als gestammelte Intelligenz und suchende Sensibilität, so das Credo der Gegenwart. Und auch: morgen schon nicht mehr wissen, was heute gesagt worden ist. Wir glauben meistens nicht, was wir hören, und wollen auch selbst nicht beim Wort genommen werden. Wir reden viel, aus Angst vor mancher Entdeckung, aus Furcht vor der Stille – und vielleicht aus Angst vor dem Eigentlichen. Unsere Worte sind leer geworden.

Die ungeliebten Berufe

Schließen wir nun, um nach den vorangegangenen Beobachtungen unser individuelles Sein, unseren persönlichen Alltag, genauer zu untersuchen, die Frage an, was wir »geworden« sind, und zwar rein faktisch: Welchen Beruf üben wir aus? Lieben wir ihn? Oder ist er nur ein Broterwerb, den wir mehr oder weniger gerne in Kauf nehmen, um unser (restliches) Dasein fristen zu können? Zugegeben, dies sind unbequeme Fragen – doch das ausgelöste Unbehagen entspricht dem bedrückenden Wahrheitsgehalt, der bei ehrlicher Beantwortung zutage treten kann.

Zunächst einmal: Welche Motive liegen – neben der seltenen Leidenschaft für eine bestimmte Tätigkeit – der Berufswahl in unserer Gesellschaft zugrunde? Oft genug scheint es allein ums Geld zu gehen, und entsprechend deutlich ist die fehlende Überzeugung an der Art der Berufsausübung spürbar.

Die rein materiell orientierten Motive sind jedoch sorgsam in zwei Bereiche zu unterteilen: einmal in solche Überlegungen, die allein mit dem Überleben zu tun haben, und dann in jene, die über das tägliche Leben hinaus Besitz erstreben, und zwar nicht selten in einem Umfang, der kein Maß mehr am Menschen und seinen wahren Bedürfnissen (siehe vorheriges Kapitel) nimmt.

Bei den Berufstätigen, die lediglich arbeiten, um sich das Überleben ohne fremde Hilfe zu sichern, ist oft eine tiefe Resignation zu spüren, die sie im Lauf der Zeit an die untere Grenze ihrer Einsatzbereitschaft drückt. Ein denkbares Beispiel, mit dessen Hilfe der Leser selbst weitere Schlußfolgerungen ziehen mag, wäre die unfreundliche Verkäuferin eines mittleren Haushaltswarengeschäfts. Die materiellen Wünsche, die sie wahrscheinlich plagen, die von außen in ihr geweckt worden sind, wird sie sich nie ganz erfüllen können. Die Kontakte, die ihre Tätigkeit mit sich bringt, müssen ihr kalt und sachbezogen erscheinen, auch wenn sie ab und zu mit Kollegen einen kleinen Plausch hält, denn die meisten wollen etwas von ihr, ohne sie zu meinen. Manch ein Kunde mag überdies auch unverschämt zu ihr sein, und physisch anstrengend ist ihre Arbeit ohnehin, denn eine Sitzgelegenheit gibt es nicht. Ungeachtet all dessen hat sie als eine grundlegende Direktive ihrer Tätigkeit gleichbleibend freundlich zu sein, was ohne Energieausgleich aus anderer Quelle wahrhaftig unmöglich ist. Mit den Jahren ihrer Selbstveräußerung wird unsere Beispiel-Verkäuferin, so sie sich nicht zu verändern vermag, durch die empfundene Frustration womöglich immer abgestumpfter und ruppiger, bis sie eines Tages vielleicht die im Regal fehlenden Artikel als »nicht vorrätig« bezeichnet, nur um das Verlangte nicht im Warenlager suchen zu müssen. Sie spürt ihren Beruf dann endgültig nicht mehr, haßt ihn höchstens gelegentlich, bleibt aber zu seiner Ausübung aus finanziellen Gründen gezwungen. Die Seele ihrer Tätigkeit bleibt ihr verschlossen.

Wählen wir nun für die Gruppe jener Berufsausübenden, die arbeiten, um zu *haben*, ein weiteres Beispiel, das zwar ebenfalls in seiner Reinform konstruiert ist, jedoch bei manchem Leser sicher vertraute Assoziationen weckt: einen sogenannten kaltblütigen Makler. Er verdient sein Geld dadurch, daß er zuerst weiß, wo eine Wohnung leersteht oder ein Haus zu verkaufen ist, und er findet es in Ordnung, sich dieses minimale Wissen aufgrund steigender Wohnraumknappheit mit stetig steigenden Geldbeträgen bezahlen zu lassen. Der seelische Auftrag seiner Arbeit, nämlich einem Menschen ein zu ihm passendes Zuhause zu verschaffen, interessiert ihn kaum – vielmehr läßt auch er sein unbehagliches Gefühl des Unerfülltseins am Kunden aus. Er schröpft ihn mehr oder weniger elegant, indem er sich seine reale Arbeit höher als angemessen bezahlen läßt und nach Geschäftsabschluß für nichts mehr zuständig ist. Nun hat unser Beispiel-Makler zwar »mehr« von seiner Arbeit als die Beispiel-Verkäuferin, da er sich mit seinen finanziellen Erträgen wenigstens die meisten materiellen Wünsche erfüllen kann, aber er ist – so er es blind tut – von der Realität des wesentlichen Lebens noch weiter entfernt als die weniger Verdienende. Beide jedoch, Verkäuferin und Makler, sind unglücklich, nicht wirklich erfüllt in ihrem Beruf, sie geben ihr Unglück weiter, aber sie kennen dieses Unglück nicht. Das beseelte Tun im Alltag, das einige wenige von uns so spürbar wohltuend leitet, ist ihnen fremd, obwohl es ihnen als Sehnsucht angeboren wurde. Sie projizieren den Verlust dieser Kraftquelle auf anderes, meist materielle Dinge, und setzen im Beruf nicht um, was sie für ihr persönliches Werden und die große Schicksalgemeinschaft eigentlich beitragen wollten und könnten. Arbeit scheint für sie klar als das, was Geld einbringt, definiert zu sein.

Und wir nun? Noch einmal die Frage an uns selbst: Was sind wir beruflich geworden, und warum? Und wie ist das bei den Menschen unserer Umgebung? Ist Geld für uns ein Sinnkreislauf, der das Eigentliche, Wesentliche verdeckt? Und: Was ist der wahre Inhalt unseres Berufs? Widmen wir uns ihm gewissenhaft? Ist er dem Wesentlichen gegenüber vertretbar? Oder haben wir im Grunde kein gutes Gefühl bei der Ausübung unseres Berufes – und bei seiner unkorrekten Ausführung nur dann Gewissensbisse, wenn wir dabei »erwischt werden«?

Zur Abrundung dieses Kapitels sei hier ein Stimmungsbild umrissen, eine kleine Geschichte, wie wir sie alle kennen. Es ist Freitagnachmittag, wir fahren nach der Arbeit mit dem Auto bei drückender Hitze durch die Stadt. Vor dem Wochenende haben wir noch allerhand zu erledigen. Was da alles zusammenkommt – vom Stau, in dem wir stehen, über den seine Hilfe verweigernden Tankwart, die Drängelsituation beim Einkaufen, die Versicherungsgesellschaft, die uns die Tür vor der Nase zuschlägt, bis hin zu unserem eigenen ignoranten Verhalten –, das zeigt es uns deutlich: Fast jeder will auf die eine oder andere Art aus seinem Alltag vor seinen Pflichten fliehen; und jeder versucht, sich noch eiligst mit allen möglichen Dingen (!) einzudecken, ehe er sich für kurze Zeit aus dem ungeliebten Arbeitsalltag in seine Wochenendhöhle zurückzieht.

In dieser Phase der Fluchtvorbereitung entlarvt sich eines besonders deutlich: Menschenkontakte und auch die unbeeinflußbare Witterung – Elemente des Wesentlichen also – sind in ihr nachgerade hinderlich. Mit Druck betreibt fast jeder die Kultivierung seiner persönlichen Durchhalte-Geheimnisse, seiner Wochenendfreuden, die sich traurig wenig unterscheiden vom alltäglichen Leben, in dem er Streß empfindet – und nicht selten wird ihm durch die bevorstehende arbeitsfreie Zeit seine eigene Einsamkeit schmerzlich bewußt. Untersuchungen belegen, daß vor allem jene Menschen, die beruflich stark unter Streß *leiden*, alleinlebend sind und dazu neigen, sich an den Wochenenden zu »vergraben« (an denen die Selbstmordrate bekanntlich, wie auch an Feiertagen, am höchsten ist). Es scheint, als existiere ein Zusammenhang zwischen entseeltem Tun, Streß, Einsamkeit und Depression. Menschen, die ihre Arbeit beseelt ausüben, reden vielleicht von Belastung oder Anstrengung; von Streß reden sie kaum, auch zeigen sie dessen nervöse und menschenunfreundliche Symptome mitsamt ihren Auswirkungen auf die Beziehungsfähigkeit nur selten.

Wandeln wir unsere kleine Wochenendgeschichte ein wenig ab. Am Abend sind unsere Besorgungen endlich »geschafft«, wir sitzen in einem Restaurant und haben das Glück, einen freundlichen Kellner anzutreffen. Ein Fremder, den wir nie sahen, jener Kellner, lächelt uns an und fragt uns, was wir essen möchten. Seine Freundlichkeit erleichtert uns zwar, doch erscheint sie uns ganz automatisch formell und zweckgebunden. Vielleicht sitzen wir mit anderen zusammen und beachten den Kellner gar nicht weiter. Aber die scheinbar unwesentliche, zweckgebundene Kontaktaufnahme mit jenem Mann ist ein wunderbares Beispiel für eine veränderte, beseelte Sichtweise unserer alltäglichen Kontakte beziehungsweise unseres Handelns. Denn: Es liegt an uns, die Wesentlichkeit dieser Situation zu erfassen – daß hier nämlich ein Mensch sitzt, mit all seinen Wunden, Hoffnungen und Sehnsüchten, mit seinem bisher erlebten Gefühl von Glück und seiner persönlichen Natürlichkeit, und bewirtet werden möchte: Wir selbst. Und daß der andere Mensch, der für das leibliche Wohl an genau dieser unwiederbringlichen Abendstunde sorgt, ein Schicksalsgefährte ist, der seinen Weg bis zum Moment dieses Zusammentreffens mit all seinen Wunden, Hoffnungen und Sehnsüchten, seinem Glückserleben und seiner persönlichen Natürlichkeit gegangen ist.

Zwei Wesen also begegnen sich, in einer konkreten und elementaren Situation; der eine will etwas trinken oder essen, der andere gibt es ihm und wird dafür entlohnt. Mit beiden Seelen hat die wesentliche Urkraft (»Gott«) eine jeweils ganz eigene Geschichte, jede von beiden wird von dieser Urkraft gekannt, gesehen und geliebt. Und nun, für einen knappen Augenblick vielleicht nur, kreuzen sich beider Seelen Schicksalswege. (Angenommen, es würde in diesem Lokal brennen, wäre diese Sichtweise noch viel deutlicher einsehbar.) Im Wissen um diese Schicksalsverbindung wird der Begegnung auch in ihrer Kürze das Flüchtige, Austauschbare, Entseelte genommen und bekommt statt dessen etwas Echtes, Unangestrengtes, Beseeltes. Dabei genügt es schon, wenn einer von beiden dieses Wissen, diese Beseeltheit ausstrahlt – der andere wird es spüren und nach seinen Möglichkeiten erwidern. In jedem Menschen sind die Sensoren für dieses Wissen angelegt.

Beim Thema Berufstätigkeit geht es vor allem darum: Nahezu jeder nötige Gelderwerb, auch jeder berufsbezogene Kontakt, kann mit den Augen der wesentlichen Liebe beseelt werden. Und wir sollten nicht viel mehr verdienen, als wir wirklich brauchen und unserer Tätigkeit angemessen ist. Wenn wir eine Tätigkeit, die nicht beseelbar ist, aufgeben zugunsten einer anderen, die beseelt werden kann, fühlen wir uns glücklich und bekommen zudem für unseren Einsatz auch Kraft zurück. Mehr dazu im zweiten Teil des Buches. Widmen wir uns zunächst den Folgen unserer oft so entseelten Realität – den Folgen für uns persönlich.

Die große Abgrenzung

Durch die geschilderte Vor-Wochenendstimmung keimt vielleicht im Leser eine Ahnung von der selbstvergessenen Manier auf, in der wir unseren Autismus kultivieren, um uns vor Überforderung durch all unsere mißverständlich angegangenen Aufgaben zu schützen. Um diese Ahnung in uns zu verstärken, schließe ich die Frage an, ob wir uns für die Existenz unserer Schicksalsgefährten, für unsere eigene Existenz und für solche Tätigkeiten, die über unseren Versorgungsegoismus, unsere Neugier und unsere Bequemlichkeit hinausgehen, überhaupt interessieren.

Oder ist es nicht viel eher so, daß wir uns immer wieder, wie neben dem Leben stehend, dabei beobachten, wie wir unser Unbehagen und unsere Sehnsucht nach einem übergeordneten Sinn »einfrieren«, uns also vor unserem wahren Wissen, unserem wahren Selbst abgrenzen – nur, um keine bestehenden Strukturen unseres Lebens verändern zu müssen? Daß wir zwar im tiefsten Inneren die bereits erwähnte Zugehörigkeit zu einer großen Schicksalsgemeinschaft spüren, jedoch den wirklichen, den wesentlichen Austausch mit unseren Schicksalsgefährten weder suchen noch stattfinden lassen können – und wir uns also auch vor den anderen abgrenzen?

Entselbstung, Konversationsverhalten, Verdrängung haben wir bereits durchdacht, die fliehende Haltung zu den beruflichen Tätigkeiten und die abgelehnte Verantwortung vielerorts ebenfalls. Destillieren wir nun eine gemeinsame Ursache all dieser Fehlhaltungen heraus: unser Gefühl der Zusammenhanglosigkeit. Das Gefühl des Getrenntseins, der Abgrenzung zwischen uns selbst und den anderen; zwischen uns selbst und unserem eigenen

Leben; zwischen unserem eigenen Leben und den immateriellen, den wesentlichen Kräften. Es ist, als riefen wir in narzißtischer Pose in die Welt hinaus: »Nur ich bin ich, und auch das ist für mich ungewiß! Die anderen sind mir noch fremder, als ich es mir selbst bin – und darum kümmere ich mich um ihre Wahrheit erst recht nicht! Habe genug mit Eigenem zu tun, das ich behaupten muß!«

Verkürzt heißt das: Jeder ist sich selbst der Nächste, so gut er kann. Dieserart in unserem Ego verloren, aber immer mehr mit den Möglichkeiten der rein intellektuellen Reflexion ausgestattet (Naturwissenschaften!) und im ichbezogenen Luxus des westlichen Europa lebend, ist uns das, was außerhalb unseres materiell ausgerichteten Selbst, außerhalb des Rationalen liegt, unheimlich geworden und wird von uns gerne als »unsinnig«, »spekulativ« oder »unnötig« bezeichnet. Was unseren traurigen, fehlgeleiteten Egoismus in Frage stellt, erscheint uns hinderlich und lästig, denn es stört unsere Illusion von einem Leben, das wir so »aufgeklärt meistern« – auch wenn wir fortwährend gegen die Resignation kämpfen.

Ob Armut, Krankheit oder Leid von Schicksalsgefährten: Wir fliehen vor diesen Gegebenheiten in unsere Scheinwelten, wo immer sie in unserem Leben auftauchen. Dort, in der Scheinwelt Fernsehen zum Beispiel, läßt sich das Unerträgliche bequem in Entspannung oder unterhaltsame Information ummünzen, und wir haben immer noch das Gefühl, an dem teilzunehmen, wovor wir in Wahrheit weglaufen. Das wahre Leben ist einem blinden Passagier vergleichbar, der in unserem verdrängenden Leben mitreist.

In der Begegnung mit dem wirklichen Leben sind wir meist handlungsunfähig, obwohl wir doch glauben, alles zu »managen« und »mitzumachen«. Ein fataler Mangel an Bestimmtheit ist überall dort zu spüren, wo etwas *Aus-*

schlaggebendes für uns selbst oder andere entschieden werden muß. Es fehlen allerorten klare Einstellungen und das Gefühl der Zuständigkeit. Wir schwimmen regelrecht in Unbestimmtheit, und vieles scheint uns so unklar, daß wir nicht mehr wissen, wo wir mit einer Klärung beginnen sollten. Die Rückbesinnung auf das Wesentliche, ein konsequenter Neubeginn unseres Alltags mutet uns in unserem Gefühl der Ohnmacht und der Todesangst naiv an. Klarheit zu suchen scheint sich nicht mehr zu »lohnen«. Eine anstehende, unangenehme Aufgabenstellung wird nicht in ihrer Lösungsmöglichkeit gewissenhaft verfolgt und als Prüfung einer *höheren Instanz* verstanden – sondern erst einmal liegengelassen und verdrängt. Eine dumpfe Angst hindert uns daran, die Dinge unseres Lebens anzugehen; irgendeine Ausrede reißen wir meist wie einen Schutzschild vor uns hoch, sobald wir gefordert werden. (Dies macht den ungewöhnlichen Erfolg der Sportler in unserer Zeit aus: Sie stellen sich statt unsereins.) So ist es nur in zweiter Linie eine Folge der Abgebrühtheit durch die Medien oder der Angst, in eine Straftat verwickelt zu werden, wenn ein Verletzter mitten in der Fußgängerzone liegenbleibt, während Dutzende an ihm vorbeiströmen, oft sogar hinstarren oder bewußt wegsehen. Ein solches Verhalten ist vielmehr in unserer Abgrenzung vom wirklichen Leben begründet: Das »Ich im Du«, das Mit-Leiden, ist uns im Zustand der Zusammenhanglosigkeit und geistigen Orientierungslosigkeit abhanden gekommen. Fühle ich mich eingebettet in einen Sinnzusammenhang, so *bin* ich – nach Kräften – *zuständig*, weil alles, was außer- und innerhalb meines Selbst geschieht, meine wesentliche Verantwortung anspricht.

Manch einer in unserer Gesellschaft zeigt jedoch erst dann Zuständigkeit, wenn für ihn etwas »Handfestes dabei herausspringt« – etwas Materielles, realistisch Verwertbares oder Sexuelles. Seine Rechtfertigung dafür, uneinträglich nichts Gutes zu tun, ist schon Volks»weisheit« geworden: »Mir schenkt auch keiner was.« Die Wahrheit: An die *wirklichen* Geschenke kommt der Mensch nicht mehr heran.

Wenn es so weitergeht wie bisher, steuert unsere Gesellschaft auf die Verschmelzung zu einer riesigen Masse reibungslos funktionierender, ausschließlich materiell orientierter Autisten zu, in der alles Wesentliche ein Störfaktor wird, der beseitigt werden muß. Wie wir schon heute mit Kindern, alten Menschen und Kranken umgehen, mit Schicksalsgefährten also, die dem Wesentlichen notgedrungen oder von Natur aus unmittelbarer begegnen als andere und die den reibungslosen Ablauf unserer funktionellen Welt stören, beweist, daß alles, was außerhalb der Gleitgesellschaft steht, auf die eine oder andere Art aussortiert, umerzogen (!) oder ignoriert werden »muß«, um die Norm der Unwesentlichkeit, der Materialität, aufrechtzuerhalten.

Wir haben Mauern in unserem Selbst gebaut, um unser Selbst herum, wir grenzen uns ein und grenzen uns ab – bis wir nahe am seelischen Erstickungstod sind. Die Vorstufe zu dieser Vision zeichnet sich in unserem Alltag, wie wir ihn momentan leben, ab: Uns fällt durch die große Abgrenzung bereits das Atmen schwer. Und atemlos drohen unsere Kinder heute schon zu werden. Dies ist erst in *zweiter Linie* ein Problem der Ökologie.

Selbsthaß, Umwelthaß, Neid und Schadenfreude

Nachdem wir uns bis zur Bewußtlosigkeit vor uns selbst und den anderen abgrenzen und das Wesentliche verdrängen, sind wir nicht mehr in der Lage, uns selbst und unsere Umwelt zu lieben. Es liegt auf der Hand, daß wir nicht lieben können, was uns fremd geworden ist, was wir nur noch reduziert wahrnehmen. Der geleugnete, selbstentfremdete, ursprünglich wesentliche Teil unseres Seins macht uns angst, ist etwas Dunkles, Entfremdetes in uns, das wir unbewußt bekämpfen wollen, indem wir uns selbst und andere oder anderes bekämpfen. Die unerfüllte Liebe zu unserem ganzen Selbst und unserer Umwelt schlägt nicht selten in Haß um – zu groß ist der Schmerz über den Verlust von Wärme und Kraft.

Der Mensch der Gegenwart hat den Zugang zu sich selbst, dem Wesentlichen in sich verloren und neigt darum dazu, seinen Körper und seinen Geist zu malträtieren. Man hungert sich schlank, stählt sich bis zum Umfallen mit Bodybuilding, quält die Seele mit endlosen Therapien und Analysen, mißbraucht alle Arten von Drogen und lebt in Ersatzhandlungen, um sich stärker, dem Leben gewachsener, zu fühlen. Ein hilfloser Selbsthaß ist in diesen Methoden auszumachen, der sich im Umgang mit der Natur ganz allgemein und in ihrer Zerstörung im besonderen widerspiegelt. Es mangelt an einer grundsätzlichen Liebe, an der Orientierung nach den Kriterien des Wesentlichen, an Geborgenheit in einem *Sinn*; es erscheint unersichtlich, warum die Existenz, in die wir hineingeboren wurden, in liebender Behutsamkeit geschützt werden soll. Dabei ist unerheblich, ob uns kurzzeitig heftige Engagiertheit (in Sachen Umweltschutz zum Beispiel) ergreift – entscheidend ist die Frage, weshalb keine *konsequente Bewußtseinsveränderung* erfolgt.

Bleiben wir beim Thema Umwelt. Das folgende Beispiel für eine lediglich partielle, das Wesentliche außer acht lassende Engagiertheit ist jedoch genauso auf unseren Körper oder unsere Seele übertragbar. Wir alle haben vermutlich einen Umweltapostel in unserem Bekanntenkreis, der sich mit exzessiver Schulmeisterei der zweifellos wichtigen Umweltthematik hingibt, der aber, nach dem tieferen Sinn seines Lebens befragt, mit agnostischer Bitterkeit jede göttliche, also wesentliche Kraft in seinem Leben verneint. Ich will damit sagen: Im Dinglichen, Materiellen kreist und erschöpft sich manch eine eigentlich wesentliche Aktivität, und aus Selbstschutz vor dieser Erkenntnis wird sie mit einem unbewußten Haß belegt (man denke nur an die Art mancher Protestaktion) und bleibt darum auf Dauer unwirksam. Weder Müllsortierung noch rückgängig gemachte Flurbereinigung, alle Arten von »Mitmachaktionen«, ja, nicht einmal die Antiatomkraftbewegung nützen uns etwas, wenn wir uns nicht der Frage stellen, *warum* und *wozu* wir leben – der Frage nach dem Wesentlichen also. Der Kampf gegen eine bestimmte Bedrohung muß vom Willen zur Bejahung der Sinnfrage, der Liebe zum Wesentlichen abgelöst werden.

Zur Verdeutlichung sei noch ein simples Beispiel aus dem körperlichen Bereich unseres Alltags angeführt: Ein Mensch mit Figurproblemen kann noch so sehr *gegen* seine Pfunde kämpfen und doch erfolglos bleiben; wenn ihn also die Liebe *für* einen Artgenossen ergreift (oder auch nur eine Verliebtheit!) und wenn er dadurch etwas von der *wesentlichen* Kraft in sich wahrnimmt, dann löst sich auf einmal sein Problem wie »von selbst«. (Wie wir die wesentliche Kraft an sich, diese Leichtigkeit aus Stärke zu einem Dauerzustand, zum Motor unseres Werdens und Handelns machen können, dazu mehr im zweiten Teil des Buches.) Und das gleiche Beispiel umgekehrt: Ein perfekt gestylter Body nützt einem sich masochistisch schindenden Menschen und seiner Umwelt rein gar nichts, wenn er sich nicht in den Dienst der Wesentlichkeit stellt.

Die Haßflut aus Pseudoengagiertheiten (»Anti-«), die uns in tausenderlei – oftmals an unsere »Vernunft« appellierender – Gestalt allerorten zu überschwemmen droht, hat also ihren Ursprung in der Abspaltung und Verdrängung der Wesentlichkeit und bewirkt für das Anliegen selbst nichts. Darum zerstören wir uns weiter und wider alle »Vernunft«, trotz existentieller Bedrohung; darum ist der Schutz unserer Umwelt zum Beispiel für viele keine geliebte Pflicht, sondern eine Art verdinglichte Gelegenheitspassion. Darum sind wir angelangt, wo wir jetzt stehen: Eine Welle aus Desinteresse an allen Folgeerscheinungen greift trotz unseres Gewissens zunehmend um sich und droht uns zu vernichten. Nihilismus also als Resultat unserer Selbstbeschneidung, Selbstverleugnung.

Stellen wir uns jetzt einfach eine Frage, die mit der obenerwähnten Selbstverleugnung zusammenhängt, und lassen wir dabei die Menschen, die wir am gestrigen oder bisher am heutigen Tage getroffen haben, vor unserem geistigen Auge auftauchen: Wer will unverstellt so sein, wie er ist? Erschreckt werden wir nach einigen Gedankenmomenten feststellen müssen: Kaum einer will er selbst sein, fast jeder gibt auf irgendeine Weise dem traurigen Umstand Ausdruck, daß er lieber »wie ein anderer« wäre. Dabei werden Prominente, Helden, Sportler oder namenlose Figuren aus der Werbung als Identifikationsobjekte herangezogen. Man kleidet sich auf eine bestimmte Art, benutzt oder besitzt Dinge, die die Zugehörigkeit zu einer bestimmten Gruppe vermeintlich garantieren; man hat sich im Lauf der Zeit ein »Image« zusammengebastelt, das auch an der Sprache (ob locker, geschäftlich-dezent oder ironisch) erkennbar ist. Daß nahezu jeder so sein will wie »alle (für *ihn* akzeptablen) anderen«, wird gerne mit dem Herdentrieb des Menschen begründet.

Tatsache aber ist, daß die Individualität des Menschen allein in seiner physischen Natur – in seiner seelischen noch mehr – so singulär verteilt ist, so speziell, daß keiner von den rund fünf Milliarden Erdbewohnern denselben Fingerabdruck wie ein anderer hat. Es muß also eher an der *Selbstvergessenheit* liegen, an einem mangelnden eigenen Lebenssinn, daß man sein ursprüngliches Schicksal allzu gerne in einen Topf mit hunderttausend anderen »Individualisten« wirft. Buchstäblich aus dem Nichts heraus entsteht so zum Beispiel der Yuppie-Typ, von dem jeder weiß, wie er sich zu geben, wie er aufzutreten und zu handeln hat. Natürlich ist kein Yuppie wie der andere – aber man könnte manchmal meinen, das hätte der sich zu den Yuppies zählende Teil der Bevölkerung selbst vergessen.

Der Idolkult unserer Gesellschaft macht deutlich, welches Defizit an wesentlicher Selbsterfahrung die jeweiligen Fans umtreibt: Respekt und Bewunderung für eine bestimmte Leistung treten in den Hintergrund, vordringlich herrscht der Wunsch, sich an den Bewunderten abzugeben, so zu sein »wie er«. Auch dies ist eine Entselbstungsmethode, wie schon im Kapitel »Die Medien« beschrieben.

Der latente Selbsthaß durch Selbstentfremdung hat einen nachgeborenen Zwilling: den Neid auf das Materielle des Nachbarn. Weil wir nicht wir selbst sind, müssen wir haben, was ein anderer hat. Dabei beherrscht den Menschen der Jetztzeit der folgenschwere Irrtum, daß es jener, der viele und prächtige Dinge besitzt, leichter hat als ein anderer, der wenig hat, und daß er sich selbst dadurch *näher* ist.

Besitz wird als Existenz betrachtet. Einer, der sich mit Dingen um sein wahres Selbst betrügt, beneidet jene, die diese »Kunst« noch besser verstehen. Wo wir uns jedoch selbst erkennen, die Liebe zum Wesentlichen in uns zulassen, verblaßt jeglicher Neid; die Dinge werden in unseren Augen wieder, was sie sind: beseelbare Hilfsmittel unserer geistigen Existenz.

Selbsthaß und Neid haben noch eine Eigenschaft in unsere Gemüter gepflanzt: die Schadenfreude. Wer sich in seinem vor sich selbst abgegrenzten Sein schwach fühlt, der lacht gerne, wenn ein anderer stolpert. Wer auf dem Weg zu sich selbst ist, der hilft dem Hinfallenden und empfindet Mitleid – das Ich im Du. Investieren Sie einmal einige Mark in einen »Kinoknüller«, egal, ob er nun Prügeleien zeigt oder Streit, ob er Ihnen Wortgewalt, das Quälen von Schwächeren oder dümmlich-sexistische Witzchen vorführt. Achten Sie darauf, wann die meisten Ihrer Schicksalsgefährten im unbeobachteten Dunkeln herauslachen, und vor allem, *wie*. Wenn Sie das Kino verlassen, werden Sie traurig sein. Das Gute daran aber ist, daß Sie fühlen werden: Es wird nur etwas besser auf der Welt, wenn jeder sich mit seinem eigenen Leben, seinem Selbst aktiv und schöpferisch, auf das Wesentliche in sich und anderen ausgerichtet, beschäftigt. Dann brauchen wir keine Ersatzerfolge und stellvertretende Mißgeschikke mehr; dann hassen wir nicht mehr und neiden einander auch nichts.

Der Mangel an Echtem und das Gefühl des Verlassenseins

Was bisher in diesem Buch durchdacht worden ist, ergibt holzschnittartig das Bild eines Jetztzeitmenschen, der auf schiefem Podest in verzweifelter Verrenkung dennoch posiert und aus Aktionismus heraus, den er im Grunde seiner Seele gar nicht will, fortwährend handelt, ohne wirklich zu leben. Das Bild eines Menschen, der sein Selbst abgibt, um sein Leben leben zu *lassen*. Ein Mensch, der sich vor dem Wesentlichen in sich und den anderen abgegrenzt hat, der nicht spricht, wie er fühlt, der neidet, zerstört – und der das spielt, was er in seinen omnipotenten Phantasien zu sein vermeint; der sein Tun, seinen Beruf allzuoft als sinnlos empfindet; der sich und seine (seelische) Zukunft am liebsten verdrängen will.

Natürlich ist keiner von uns die Verkörperung dieses Prototyps in Reinform – aber etwas davon, vielleicht sogar das meiste, trifft ganz bestimmt auf jeden von uns zu. Sei dieser Anteil nun groß oder klein – dies ist ein Geheimnis des Lesers –, er muß durchdacht, durchfühlt und erkennend durchlitten werden, damit er verändert, umgewandelt werden kann. Keiner von uns hat *nichts* davon nötig: Als seelisch heil kann sich ein Mensch der Gegenwart wohl kaum beschreiben.

Bleiben wir noch kurze Zeit beim Überdenken unseres momentanen Seins. Eingedenk aller vorangegangener Überlegungen stellt sich hier nun die Frage, zu welcher Echtheit, also Lebensnähe und ursprünglich-wesentlicher Vitalität, wir in unserem täglichen Leben überhaupt fähig sind. Inwieweit sind wir noch in der Lage, sowohl unsere persönliche Wesentlichkeit als auch die eines anderen zu erreichen? Wie wesentlich (immateriell) gehen wir miteinander um? Wie echt ist unsere Fähigkeit zu leben also noch? Das Kapitel »Die leeren Worte« gab bereits die Beobachtung der Tatsache wieder, wie oft und in welchem Ausmaß wir aneinander vorbeireden. Das grundlegende Problem unserer Gesellschaft ist jedoch weitaus komplexer: Wir erstreben, konsequent an unserem wahren Ich und dem der anderen vorbeizuleben. Gefangen in uns selbst, mißtrauisch, sprachlos unseren innersten Gedanken und Gefühlen gegenüber, oftmals nicht mehr in der Lage, sie uns selbst einzugestehen, tun wir *nicht* das, was wir in Wahrheit wünschen. Unsere wahre Sehnsucht nach Lebenssinn und unsere Ahnung um die mögliche Erfüllung dieser Sehnsucht überdecken wir mit Vordergründigem, mit schnellen Effekten und Ersatzbefriedigungen. Wir zeigen uns einsichtig in unser tristes Los, suchen uns kleine Ablenkungsfreuden und empfinden uns doch nicht als wirklich lebendig dabei, sondern eher wie hinter Glas verbannt. Oft quält uns das Gefühl der Sinnlosigkeit des Ganzen. Wir erreichen unser eigenes Leben nicht – und sehnen uns doch so sehr nach echtem und unverfälschtem Sein. Die Begriffe »echt«, »natürlich«, »rein« funktionieren deswegen in der Werbung so gut, weil wir nicht mehr wissen, wie wir sonst in den Besitz dieser Attribute gelangen sollten, außer durch den Kauf eines so bezeichneten Produkts.

Als »echt« erscheint uns etwas nur, wenn wir es *sehen* können. Dem Unsichtbaren gegenüber sind wir äußerst reserviert. Alle Belange des Immateriellen sind uns schnell suspekt. Wir fürchten, daß üble Machenschaften aus rein materieller Gewinnsucht dahinterstehen könnten – ungeachtet unseres *eigenen* materiellen Strebens! Wir denken an Kreuzzüge, Sektenführer, Gurus oder an den institutionalisierten »Stellvertreter Gottes auf Erden«

und dessen mitunter unchristliches Verhalten. Um selbst nicht mit all jenem in Verbindung gebracht zu werden, teilen wir uns einander meist ohne jede Erwähnung des Unsichtbaren mit. Allerdings: Es ereilt uns immer wieder, wie von selbst, das Unsichtbare – in der Liebe, in unseren Gefühlen, in unseren Ängsten, in unseren Hoffnungen. Dann fühlen wir etwas Echtes in uns. Wir klammern es in unserem Leben aber stets aus, dieses Echte, verdrängen es immer wieder aufs neue, unbewußt oder willentlich routiniert oder unter Schmerzen. Bevor wir anfangen können zu akzeptieren, daß das Echte das nicht Meß- und Greifbare ist, haben wir uns schon wieder verleugnet, sind wir erneut in Unechtheiten verstrickt, um diesen oder jenen dinglichen, uns Macht verleihenden, jedenfalls »handfesten« Vorteil zu erlangen. Wir fühlen uns nicht sicher genug, um *dauerhaft* echt zu sein, denn wir haben gelernt, daß die Dinge echter sind als unsere Seelen und als die Zusammenhänge des geistigen Universums.

Nach dem Zweiten Weltkrieg einte die inzwischen Älteren unter uns die drängende Hoffnung auf »bessere Zeiten«, die sehr bald einer nur teilweise bewußten Verwechslung zum Opfer fiel: das Immaterielle, das zu wirklichem Glück führen kann, wurde durch rein Materielles ersetzt. Nach den seelisch tief verstörenden Kriegsjahren, in denen die Not die Menschen unmaskiert zusammenhielt, krempelte man kurzschlüssig vereint, partiell verwirrt und beschämt die Ärmel hoch, um »aufzubauen«. Die Rückbesinnung auf das Wesentliche war schon im Krieg fast vollständig entglitten und hätte zumindest nach dem Grauen in vielen Herzen zu wahrer Erkenntnis und somit zu einer wirklichen Veränderung im Sein führen können. Der fragwürdige Wunsch nach immer mehr Sicherheit und Wohlstand war jedoch willkommen, um diese Rückbesinnung vollends zu verdrängen. Buße, Trauer und Erkenntnis wurde den schönen Reden der »Zuständigen« überlassen und dort institutionell arretiert. Das Leben aber ging anders weiter.

Das Entstehen einer Wohlstandsgesellschaft nach den Jahren des Aufbaus leitete endgültig den Abbau des Echten ein. Die Menschen der Jetztzeit tragen schwer an dem Luxus, der aus diesem Abbau entstanden ist.

Wir ahnen, daß die Zeit nach der Nachkriegszeit, unsere also, vielleicht schon längst wieder eine Vorkriegszeit geworden ist – was diesmal heißt: die Zeit vor einer möglicherweise noch größeren Katastrophe. Hektisch geben wir uns allem hin – nur nicht der Umkehr, die aus unserer Ahnung resultieren müßte.

Wir manövrieren uns selbst immer tiefer in einen materiell ausgerichteten, nihilistischen Autismus, in ein Seelenvakuum, in dem der allgemeine Austausch von Waren, Ersatzhandlungen und unechter Offenheit prächtig gedeiht. Nie zuvor wurde über so vieles reflektiert und »sich ausgetauscht« wie in unserer Zeit. Jeder weiß »alles« über jeden – und weiß doch nichts. Die Vorführung von Leben in allen Bereichen und das Durchführen von Gesprächen über alles sind Institution geworden – wir erfahren aber das Eigentliche dadurch nicht. Bekenntnisse, Empfehlungen, Talk-Shows und Diskussionen, Fetzen unseres eigenen Lebens, rasen an uns vorbei – wir können nichts davon festhalten: die Redenden ihre Sätze nicht, die Vorführenden ihre Vorführungen nicht, die Zuschauenden, Zuhörenden das Gesehene, Gehörte, das Erlebte nicht. Selbst die Jüngsten unter uns können sich kaum mehr etwas merken. Heute ist vorbei und nie gewesen. Wir haben uns aus der Echtheit herausgeschleudert.

In den letzten Jahren, den Jahren nach der Hauptphase des Wirtschaftswachstums in unseren Breitengraden, machte sich eine vorher nicht gekannte Kälte unter uns breit, die »neue Skrupellosigkeit«, die für mich aus der pervertiert gelebten Wirklichkeit des »New Age« resultiert. Hinter einer Maske aus uferloser Toleranz, die schon wieder Gleichgültigkeit zu nennen ist, und jener unechten, aber zweckgebundenen Freundlichkeit wird jedermann allerorten in einer Amikalität angegangen, als sei man schon im Sandkasten miteinander gut Freund gewesen. Die Zeiten sind »aufgeklärt«, man gibt sich »lokker«. Sie haben es bestimmt auch schon erlebt, wie schnell ein Fremder Ihnen das vertrauliche »Du« anträgt, Ihnen intime Dinge erzählt oder diese von Ihnen erfahren will – wie schnell Sie also vereinnahmt werden. Der Verlust jeglicher Intimität ist auch durch die Medien so entstanden: Jeder entblößt sich vor jedem, und zwar ohne dem anderen etwas wirklich mitteilen zu wollen oder zu können. Es ist nicht so, daß wir in unserer vagen Angst vor allem, was wir uns geschaffen haben, näher zusammenrücken und einander schrankenloser als früher vertrauen – es wäre wunderbar und hilfreich, *wenn* es so wäre. Vielmehr herrscht in aller Offenheit die Kälte des zwanzigsten Jahrhunderts. Die »neue Aufgeschlossenheit« will im Grunde nichts von uns (höchstens von uns profitieren), aber sie erzwingt eine Vertrautheit, für die sie letztlich keine Verantwortung übernimmt – sie ist unverbindlich, unecht eben.

Jeder geht auf jeden scheinbar zu – und viele kommen nicht mehr klar. Eine Unzahl von therapeutischen Einrichtungen verursacht und pflegt die westliche Welt, um all das Unechte in ihr aufzufangen. Das geschieht häufig auf vordergründig-wissenschaftliche Weise, indem der Mangel an Wesentlichem in unserem Sein als psychosozial, genetisch oder chemisch bedingter »Defekt« bezeichnet oder vom Verlust des Wesentlichen regelrecht abgelenkt wird (»Erlebnispädagogik«).

Da wir jedoch keine Maschinen sind, gibt es noch unsere innere Stimme, die sich in einsamen Nächten meldet und uns zur Echtheit mahnt: Wir haben plötzlich Angst vor dem Sterben (vor unserem Leben, vor unserem Sein also), und das gläubige Kind in uns weint, weil wir es verlassen haben. Vieles ist falsch an dem Weg, den wir gehen, ist nicht echt und nicht wichtig; wir fühlen uns verlassen in dieser Unwesentlichkeit. Das Gefühl des Verlassenseins ist jene Form von Einsamkeit, die nicht weiterhelfen kann, wie es etwa Meditation, tiefe Versenkung in Arbeit oder die einsame Zwiesprache mit dem Wesentlichen können. Das Gefühl des Verlassenseins, mit all seinen Folgen, ist eine Sackgasse. Es ist der Preis, den wir für unseren im Grunde heuchlerischen Austausch zahlen müssen. Der Preis, den unser Schrei nach Authentizität in unserem entfremdeten Sein uns kostet. Der Preis der Falschheit.

Orientierungslosigkeit – und ein Licht am Horizont

Was wir nun *glauben* bei alledem, was unser Leben heute ausmacht – das ist die große, die grundlegende Frage. So wie unsere Welt (geworden) ist, liegt die Antwort offen vor uns: Viele Menschen der Gegenwart, wahrscheinlich sogar die meisten, glauben an gar nichts mehr (»... nur noch, was ich sehe«). Lassen Sie uns zum Schluß des ersten Teils dieses Buches noch einige Betrachtungen anstellen, die alle auf dasselbe hinweisen.

Keine Gesellschaft hat das Immaterielle so systematisch und konsequent auszuschalten versucht wie die unsere, die Gesellschaft des zwanzigsten Jahrhunderts. Das uralte Bedürfnis, immer mehr zu erforschen, um immer weniger »glauben zu müssen«, hat eine Unmenge von Errungenschaften in unser Leben gebracht – und uns das Gefühl der Entzauberung bis zum nahezu totalen Rationalismus gegeben. Die vollkommene Auflösung alles für uns Unerklärlichen wird angestrebt, eine Form von Autonomie, die »keinen Gott mehr braucht«. Fast alle sind wir heute kleine Forscher, die »alles wissen müssen«. Zum inneren Wohl gereicht hat uns dieser Weg nur in sehr geringem Maße.

Bereits vor dem Zweiten Weltkrieg war unsere westeuropäische Welt an einem Punkt angelangt, an dem theoretisch jedermann durch die Forschungserfolge mit sinnvollen und bescheidenen Erleichterungen hätte leben können, wie Strom, Licht, Wasserversorgung, Schmerzmittel oder ähnlichem. Wenn wir uns damals rechtzeitig besonnen, uns zufrieden erklärt und versucht hätten, das Erreichte allen zugänglich zu machen – um dann mit der verbleibenden Kraft an der Erkenntnis des Wesentlichen, Immateriellen zu arbeiten –, wir kämpften heute nicht so sehr gegen unser sinnentleertes Leben an. Freilich ist dies eine anachronistische Utopie, die leicht als Undankbarkeit und Wehklagen um verflossene Zeiten mißverstanden werden könnte. Geben wir uns aber doch einfach einmal diesem Gedankenspiel hin: Was wäre, wenn sich die Schicksalsgemeinschaft Mensch damals aus klarem und freiem Entschluß heraus materiell beschränkt hätte? Was wäre, wenn sie vieles, was sie anschließend »menschenmöglich« und »steuerbar« machte, einer Art göttlichen Fügung überlassen, jedoch das bis dahin Erreichte genutzt und sorgsam verbreitet hätte? Wenn sie sich geistig anstatt materiell weiterentwickelt hätte, und zwar ohne ideologischen Zwang, vielmehr aus innerer, individueller und erkennender Ahnung um das Wesentliche? Alles wäre anders gekommen, ganz anders. Vor allem wären wir heute dem Stand des technischen Fortschritts, der ja dann derjenige von 1920 oder 1930 sein würde, geistig gewachsen.

Die Instanz jedoch, die uns an der besinnungslosen Weiterentwicklung der äußeren Welt hätte hindern können, hat in uns versagt – nicht zuletzt deswegen, weil wir einen Weg erst gehen müssen, ehe wir sagen können, ob er ins Licht oder ins Dunkel führt. Heute aber wissen wir um diesen Weg und seine seelischen Folgen für uns. Jetzt also ist es Zeit, eingedenk aller Erfahrungen eine neue Utopie des Verzichts, des freiwilligen Rückschritts, der Besinnung auf die wesentlichen Werte zu entwickeln und einzuleiten. Diese Utopie können wir wahrmachen.

Aber noch einmal zurück zu dem Umstand, daß unsere seelische Entwicklung keinen auch nur annähernd so raschen Verlauf wie unsere materielle, technische genommen hat. Wir sind nicht reif genug, um uns vor dem zu schützen, was wir alles können. Nur einige wenige von uns bilden oder bildeten hierin eine Ausnahme. Eine solche Ausnahme war der Physiker J. ROBERT OPPENHEIMER.

J. Robert Oppenheimer galt vor etwa einem halben Jahrhundert als einer der führenden Wissenschaftler seiner Zeit. Allgemein wird er auch heute noch der »Vater der Atombombe« (!!!) genannt, weil er an deren Entwicklung maßgeblich mitgearbeit hat. Schon in seinen frühen Jahren las Oppenheimer viel, Philosophie interessierte ihn ebenso wie sein Spezialfach, die Physik. In seinem Haus gingen Künstler, Literaten, Denker ein und aus; all diese Berührungspunkte mit dem Wesentlichen ließen ihn ein ganzheitliches Bild vom Menschen und dem Gefüge, in das er hineingeboren wurde, gewinnen. Zeugnisse seiner Bekannten und Freunde beschreiben Oppenheimer als einen leidenschaftlichen Forscher *und* einen am Wesentlichen orientierten Mann, der mit zunehmender Reife die immateriellen Kräfte (»Gott«) als über den materiellen stehend ansah. Das Wort »gläubig« fällt in einigen dieser Beschreibungen. Hier nun haben wir in Reinform, was dem Menschen immer wieder Konflikte bereitet: den Zwiespalt zwischen dem Reiz des technisch Machbaren und der ethischen Verantwortung diesem Machbaren gegenüber.

Oppenheimer, Geheimnisträger der Vereinigten Staaten und entsprechend politisch überwacht, entschied sich für einen zunächst leisen und tief verzweifelten Weg: Bewußt verzögerte er den Bau der Wasserstoffbombe, was ihm jedoch schwer nachzuweisen war. Dennoch: 1954 machte ihm die amerikanische Regierung deswegen den Prozeß. Oppenheimer wich ihm nicht aus – und ließ sich am Ende der gegen ihn angestrebten Verhandlung wegen

»unamerikanischer Umtriebe« und »Illoyalität« das Vertrauen der Regierung entziehen – für seinen sehr festgefügten Ehrbegriff also praktisch für ehrlos erklären. Persönliche Nachteile, die ihm durch seine unbeugsame Haltung entstanden, nahm der vorher erfolgsgewöhnte Oppenheimer bis zu seinem Lebensende klaglos in Kauf. Nach ihm stellte sich nie wieder ein Forscher öffentlich seinen Gewissenskonflikten und ihren persönlichen Konsequenzen. Oppenheimer umgaben und ersetzten sehr schnell Wissenschaftler, die sich von seinen mahnenden Gedanken, von seiner Angst um den Fortbestand der Menschheit und ihrer seelischen Entwicklung nicht sichtbar angesprochen fühlten.

Heute haben wir es mit Forschern zu tun, die unerkannt im Hintergrund ihr »wirkungsvolles« Handwerk ausüben, ob in der Atomphysik oder der Gentechnik, ob in der Entwicklung von Kampfgasen oder sonstigen Massenmordwaffen beziehungsweise Massenmanipulationsmöglichkeiten. Machbarkeitsfanatiker, die fortwährend weiterforschen und -experimentieren (!), ohne einen Zugang zur Wesentlichkeit ihres Seins und Treibens zu haben. Wir kennen die Namen dieser Leute nicht, nicht einmal ihre genauen Berufsbezeichnungen oder Tätigkeitsbereiche sagen uns ohne Sekundärinformation etwas; aber ihre »Errungenschaften« (Möglichkeiten!) dringen hin und wieder zu uns durch.

Für die meisten von uns haben diese Forscher nicht einmal ein Gesicht, was es ihnen leichter macht, ihre »Wunder« auch einzusetzen – völlig losgelöst von uns, deren Leben sie mehr oder weniger in Händen halten. Und diejenigen, die ein Gesicht haben, weil sie durch die Medien zu uns sprechen, sie wiegeln ab: Graue Technokraten des Lebens erklären uns nüchtern, wozu sie in der Lage *wären*, und finden für all das, was uns schon längst nicht mehr geheuer ist, immer noch ein Argument. Man denke hier nur an die angebliche Aidsbekämpfung durch Genmanipulation oder das »gerettete Leben« durch monatelanges Heranzüchten eines Babys im Körper seiner hirntoten Mutter. »Gott ist machbar«, so die Devise, und in der Erschaffung, Vernichtung, Veränderung von Leben ersetzbar.

Diejenigen, die »Gottes Handwerk« auszuüben anstreben, sind genausowenig im Wesentlichen weise wie wir alle. Wir leben auf einem Pulverfaß. Es gilt jetzt, unser ethisches Bewußtsein, unsere suchende und konkrete Beschäftigung mit dem Wesentlichen, Immateriellen, so weit zu entwickeln, daß wir in der Lage sind, die Entdekkungen und Möglichkeiten der wissenschaftlichen Neuzeit auf ihren Platz zu verweisen. Denn keine menschliche Entdeckung kann der Größe des Wesentlichen ebenbürtig sein. Wir müssen Orientierung gewinnen, und zwar jeder einzelne: Wir haben allen Grund, uns so sehr wie nie zuvor mit dem Wesentlichen auseinanderzusetzen.

Gegenwärtig scheinen sich viele mit dem »wissenschaftlich erforschten« Bereich unserer Schöpfung zu beschäftigen. Mit dem Glauben, der allein bestimmt, wie wir letztendlich handeln werden – egal, wieviel wir »wissen« –, ringen die wenigsten. Die Mehrheit von uns mag sogar den Glauben an den Glauben aufgegeben haben. Es dringt durch viele Aktivitäten der Gegenwart hindurch, daß man sich »aufgeklärt« und »rettungslos verloren« fühlt. Die Untergangsstimmung, die über unserer gegenwärtigen Existenz liegt, ist eine Folge unseres entseelten Tuns, aber das wollen wir nicht wahrhaben. Wir sehen nur, daß alles um uns herum das Ende der Erde heraufbeschwört. Unter diesem Druck einer möglichen Apokalypse erscheint uns das Forschen nach unserem

Glauben Zeitverschwendung. »Leben« wollen wir jetzt, leben, was noch irgendwie lebbar ist, trunken vor Gier nach Lust, mitten im beginnenden Untergang. Wir sehen nicht ein, weshalb wir uns »jetzt noch« einschränken oder anders verhalten, weshalb wir über unsere innersten Fragen nachdenken sollen – und werden doch hin und wieder in Eruptionen der Verzweiflung aktiv.

Das Unbehagen, unser größtes Geschenk in dieser Zeit, meldet sich oft. Die Genußsucht aber, die keinen wirklichen Genuß kennt und nicht selten der Zerstörung direkt zuarbeitet, siegt – und die Resignation. Wir benutzen uns selbst, die Menschen, die Natur, die Dinge unserer Umgebung, wir weiden alles aus – so lange, bis wir zur endgültigen Verantwortung gezogen werden. (Dies kann innerhalb von wenigen Sekunden geschehen.)

Noch aber ist es nicht soweit. Unser »aufgeklärtes«, sachlich fundiertes Sein hilft uns dabei, unser Unbehagen, diesen wunderbaren Indikator, zu verdrängen. Unser Gewissen, das uns hin und wieder schlaflos macht, erklären wir uns mit der autoritären Erziehung oder sonstiger Machtausübung in unserer Kindheit. Wir meinen zu wissen, daß es nicht unsere innere Stimme ist, die uns zu Besinnung und Umkehr mahnt. Kurzerhand lasten wir unser schlechtes Gewissen dem manipulativen Druck unserer Mütter, Väter oder Lehrer an und sind darüber hinaus noch stolz darauf, wenn wir uns von den Erziehungszwängen befreit haben. Auf diese Weise sind wir schon mit einer verzerrten Wahrnehmung des Wesentlichen groß geworden – sofern wir nicht in uns selbst eine starke Sicherheit im Umgang mit dem Wesentlichen spüren oder durch einen »Wissenden« geweckt und geprägt wurden.

Im Lauf der letzten zwanzig Jahre, die so sehr von dem rein materiell ausgerichteten Aufbau der Nachkriegszeit und ihren zweifelhaften Früchten geprägt sind, ist der Wert des menschlichen Lebens nahezu auf eine fatalistische Inkaufnahme von »Menschenlebenverlusten« – auf »Kriegsniveau« also – herabgesunken. Greifen wir hier die Rechtsprechung im deutschsprachigen Raum bei Tötung von Menschenleben, bei Mord, heraus. Das hierfür zur Verfügung stehende »Gesetzesinstrumentarium«, wie es im Fachjargon heißt, fordert mich zu dem polemischen Schluß heraus, daß sich am (äußeren) Leben eines Mörders in unserer Gesellschaft nichts grundsätzlich und nachhaltig ändert – was man von seinem Opfer nicht sagen kann. So ist in Deutschland beispielsweise lebenslängliche Haft die gesetzlich mögliche Höchststrafe für Mord, zu deren Verhängung er – über die pure Tat hinaus – noch vorsätzlich und heimtückisch begangen worden sein muß. Oft genug aber wird dem Täter bei guter Führung ein Drittel der Strafe erlassen.

Betrachten wir, was hinter dem geschilderten Sachverhalt steht: In einer Gesellschaft, die sich nur noch an materiellen Werten orientiert, ist Mord an einem Menschen »ohnehin nicht rückgängig zu machen«. Der Täter, der nach Ansicht der gesetzgebenden Gesellschaft auch nur eine begrenzte Anzahl von Lebensjahren hat, soll wenigstens die Möglichkeit dazu erhalten, nach einer gewissen Zeit »noch etwas von seinem Leben zu haben«. Dies nur als Beispiel für die »moralischen« Aussagen einer desorientierten Menschengemeinschaft.

Ich möchte hier nicht für die Todesstrafe oder einen härteren Strafvollzug plädieren. Durch beides würde ein erneutes Verbrechen begangen, und nichts wäre zum Besseren geführt. Die Frage ist aber, ob nicht der reine Strafvollzug, der günstigenfalls mit einer zwar psychologischen, aber faktisch-analytisch ausgerichteten Betreuung verbunden ist, zugunsten einer auf das Wesentliche hinführenden Seelenbildung des Täters abgelöst werden sollte. Die Dauer dieser »seelenbildenden Verwahrung« hinge davon ab, wann der Täter seine Tat in ihren immateriellen Folgen für das Opfer beziehungsweise die Hinterbliebenen und sich selbst begreift. Tatsächlich aber werden jedem in unserer Gesellschaft, der aus welchen Gründen auch immer ein wie auch immer geartetes Bedürfnis sofort, ohne Rücksicht auf Verluste und gegebenenfalls mit Gewalt befriedigt hat – und dabei erwischt wurde –, große Aufmerksamkeit und materielle Fürsorge zuteil. Dies verdeutlicht die sonderbare Toleranz einer Gesellschaft, die dem kleinkindhaften sofortigen Stillenmüssen *aller* Bedürfnisse verfallen ist und diesen Mechanismus darüber hinaus auch noch pflegt.

Umkreisen wir weiter die Orientierungslosigkeit in uns und um uns herum: Alles steht jedem jederzeit zur Verfügung, oder zumindest wird dieser Zustand als Ideal angestrebt. Verzicht ist verpönt, hat den Geruch sozialer Ächtung, ein Wort wie »warten« klingt für uns unangenehm, klingt nach Mühe und Geduld – zwei Begriffe, die sich ebenfalls keiner Wertschätzung erfreuen, auch wenn sie theoretisch mit »Tugendhaftigkeit« in positive Verbindung gebracht werden. Sexualität – an ihrem Beispiel wird unser Verhalten besonders deutlich – wird wie das Essen im übervollen Kühlschrank oder jede beliebige Form von Zerstreuung und Ablenkung jederzeit verfügbar gehalten. Ob Lebensverlängerungsmaßnahmen oder Schönheitskorrekturen – alles scheint uns erreichbar, alles möglich. Die Omnipotenzvorstellung des Menschen von seiner Macht wächst atemberaubend, drängt jeden Zweifel an ihr als veraltet und betulich beiseite – und wir sind längst dabei, unsere Chancen hier auf Erden zu verspielen.

Hier komme ich wieder auf das Gebiet Forschung und

Wissenschaft zurück: Was heute noch vereinzelt als »Gottes Schöpfung« bezeichnet wird, kann in wenigen Jahren »vollständig entschlüsselt« und »rational erklärbar« sein, also verfügbar und als Manipulationsmöglichkeit des Menschendaseins durch Menschenhand freigegeben werden. Eine Menschenhand jedoch wird die Dinge nie so einrichten können, wie das die höhere göttliche Fügung vermag. Die Wissenschaft hat zwar vieles entzaubert, entdeckt, was einstmals für göttlich gehalten wurde, und sie kann heute vieles nachahmen – nur den Ursprung erschaffen kann sie nicht, wird sie nie können. Die Demut dieses Wissens aber fehlt ihr – und darum ist es möglich, daß die Chancen der Wissenschaft uns zur Tragödie gereichen. Der entseelte Teil im Menschen stattet sich mit der Nachahmung der Macht Gottes aus, um sich gegen seinen Schöpfer zu erheben, den er nicht kennen will, den er leugnen wird. Er wird sich eine neue Welt schaffen – eine seelisch tote Welt. Ihre Anfänge umgeben uns bereits. Unsere Erde ist der Austragungsort des Ringens zweier Kräfte, jeder von uns ist in sich selbst ein Teil dieses Ortes. Der dunkle, seelisch tote Teil in uns hat durch unsere Verfügbarkeit schon beinahe Übermacht gewonnen. Wir feiern seinem Sieg verzweifelt entgegen – es sei denn, es gelingt uns, ihn mit aller Kraft in seinen Ursprung, in das Licht der Wesentlichkeit, umzuwandeln. Sollten die Entdecker die Erschaffer werden, ist unsere Prüfung auf Erden beendet – und wir werden gestorben sein, für immer.

Wehren wir uns also gegen die »aufgeklärte«, die seelenlose, die materielle Definition unseres Lebens: Wir sind keine »chemischen Formeln«. Wir sind durch *mehr* entstanden als durch einen Akt, der männliches Sperma ein weibliches Ei befruchten ließ. Zu Beginn unseres Lebens hier auf Erden waren wir nicht nur ein Keimling.

Wir sind mehr als eine definierbare Masse Materie, die sich »aus noch nicht geklärten Gründen« selbst empfinden kann und die nach dem Zusammenbruch ihrer Konsistenz einfach »im Nichts« verschwindet. Es gibt kein Nichts. Und wir sind auch keine materialisierten Zufälle. Wir fühlen, daß es so nicht sein kann. Wir dürfen uns vom Fetisch, der die Materie in unserem Jahrhundert geworden ist, nicht einschüchtern lassen.

Es sei hier deutlich gesagt, und es wird im zweiten Teil des Buches klarwerden: Ich rede nicht der Kirche das Wort. Die katholische Kirche zum Beispiel, ich erwähnte es bereits indirekt, trägt in ihrer Verbindung aus weltweitem Machtanspruch, Weltfremdheit und Dogmatismus keineswegs die Handschrift des Wesentlichen. Ihr Oberhaupt steht einer wirtschaftlich äußerst potenten Interessengemeinschaft vor und ist zur Symbolfigur dessen verkommen, was aus tiefem und ehrlichem Glauben werden kann, wenn er sich mit seinem generellen Gegenteil durchmengt. Viele von uns leiden zu Recht unter der Enttäuschung, die ihre Kirche – welcher Ausrichtung auch immer – ihnen bereitet hat.

Die Zeit ist reif dafür, daß der einzelne seinen Glauben nicht länger dem Reglement einer Institution überläßt, sich selbst nicht mehr an irgendein »Oberhaupt« abgibt. Kirchen und vergleichbare Institutionen bieten Traditionen und Begegnungsmöglichkeiten. Ihre große Gefahr jedoch ist, daß sie den einzelnen Menschen in seiner Passivität bestärken, seinen Wunsch nach Gemeinschaft ausnützen und sein individuelles Genie unterdrücken. Kirchen sind ein Pauschalangebot. Sie können der Vielzahl der Individuen niemals gerecht werden. Das Wesentliche hat mit jedem Menschen hier auf Erden seine eigene Geschichte. Jeder einzelne von uns sollte diese Geschichte kennen wollen.

Alles in allem: Am Ende des ersten Teils dieses Buches muß, so unbequem es sein mag, die Feststellung stehen, daß es uns an Religion mangelt. An einer wirklichen.

Der Begriff »Religion« stammt (neben »religere«: sorgsam beachten) vom lateinischen »religare« ab, was »binden, wieder verbinden« heißt. Die Deutung ist zulässig: Eine »Religion haben« meint, sich wieder mit seinem Ursprung zu verbinden. Jeder in seiner Art.

So wie wir heute leben, finden wir nicht zurück zu unserem Ursprung. Uns fehlt das »Credo«. Credo heißt ja schlicht: »Ich glaube«. Ich möchte frei ergänzen: Ich glaube, *mithin vertraue ich.* Und zwar vertraue ich in aktiver, schöpferischer Kraft dem Wesentlichen, dem Immateriellen – und folge damit meinem Willen zum Guten und Hellen. Es mangelt uns nicht an Dogmen, an Kirchen, Sekten oder ähnlichem. Es mangelt uns nicht an Manipulationsversuchen, nicht an Rezepten. Es mangelt uns vielmehr an einem *persönlichen, bindenden Glaubensbekenntnis*, das sich zusammensetzt aus unseren Erfahrungen mit dem Wesentlichen (auch wenn diese Erfahrung das Bewußtwerden seines Mangels ist), aus unseren angeborenen Möglichkeiten im Fühlen und Denken und unserem hier auf Erden für uns erkennbar werdenden Auftrag. Dieser Auftrag ist nicht einigen wenigen vorbehalten, sondern uns allen, jedem einzelnen in individueller Weise, gegeben worden.

So wage ich es in diesem Buch auch niemals, »allgemeingültige« Verhaltensmaßregeln aufzustellen oder das Wesentliche für Sie genau zu definieren – vielleicht ist es Ihnen schon aufgefallen. Dieses Buch kann Ihre persönliche Hilfe beim Erkennen Ihres Wesentlichkeitsbegriffs, des Wesentlichen in Ihrem Leben sein. Allerdings: Uns allen ist diese Erde gemeinsam, und wir haben alle ähnliche Konditionen in unserem unmittelbar physischen Leben. Über uns ist derselbe Himmel, und die Sonne ist auch für den Tibeter oder Neuseeländer hier auf Erden dieselbe. So führen all unsere persönlichen Glaubenswege zu denselben ursprünglichen Dingen zurück.

Auf den persönlichen Weg aber kommt es für jeden einzelnen an – und dieses Buch soll Ihr Begleiter sein auf jenem, Ihrem eigenen Weg. *Es ist nicht Ihr Rezept.* In seinem zweiten Teil werden Sie vielleicht vieles finden, das Ihnen den Weg in Ihrem persönlichen Alltag bereiten kann. Sie sind und bleiben natürlich frei, ihn zu beschreiten. Alles, was Sie bisher in diesem ersten Teil des Buches lesen, entspringt der Wahrnehmung einer Schicksalsgefährtin, die ein persönliches Glaubensbekenntnis hat und demnach konfessionell nicht gebunden ist und auch sonst keiner Vereinigung angehört. Wenn Sie bisher mit vielem einig waren, sich oder Ihr Leben zumindest in Teilen wiedererkannten, so werden Sie im zweiten Teil des Buches auf Ihre Weise einen persönlichen Reichtum entdecken können. Ich schreibe dies und spreche Sie nun direkt an, weil ich möchte, daß wir uns zusammentun, ehe wir weitergehen. Wie uns das Fühlen vieler Mißstände in unserem Dasein ja auch schon geeint hat: jeden in seiner Art, durchaus anders. Ich, der ich einen Namen und ein Gesicht für Sie habe, möchte Sie persönlich erreichen, Ihre Bereitschaft. Wir brauchen alle einander, *jetzt.*

Stellvertretend für uns alle habe ich in diesem Buch die Misere unseres Lebens, die vielen Irrtümer und Verstörtheiten bedacht. Beginnen wir nun mit den Möglichkeiten für eine veränderte Sicht von Dasein, den Möglichkeiten für ein anderes Leben. Sie können aktiv mitarbeiten, wenn Sie wollen. Gehen wir konkret und chronologisch vor, in Korrespondenz und mit entsprechenden Lösungsmöglichkeiten zum jeweiligen Kapitel des ersten Teils.

ZWEITER TEIL

Die Möglichkeiten sehen

Über das Umsetzen von Verantwortung

Der erste Teil dieses Buches hat die in Ihnen vielleicht bereits vorhandenen Gefühle und Wünsche, »alles« möge »anders« sein oder werden, noch weiter verstärkt – vielleicht sogar die Hoffnung geweckt, daß doch noch etwas geschehen kann. Jedenfalls ist klargeworden: Wir müssen neue Wege suchen, müssen handeln.

Eine Veränderung unseres Lebens anzustreben, jetzt, konkret und konsequent, ist durchaus kein aussichtsloses Unterfangen, wie es uns das Mutlose in uns selbst einflüstern möchte, sondern es ist *das einzige*, was uns in der Lebenssituation, in die wir durch eigenes Zutun oder eigene Schwäche geraten sind, *noch übrigbleibt*.

Unsere Welt, so wie sie (geworden) ist, wird nicht mehr lange (ich behaupte: keine zehn Jahre) bestehen, ohne das Wesentliche in uns und unserem Dasein hier auf Erden zu besiegen und zu beseitigen – wenn wir nicht jetzt aktiv anfangen, unsere Welt, unser Leben und uns selbst zu verändern. In Anbetracht dieser meiner Prognose ist im Grunde genommen jeder Versuch, sofern er dem Wesentlichen dient (also die Fehlentwicklung unseres Daseins nicht fortsetzt, sondern umwandelt), *besser, als so weiterzumachen wie bisher*. Ein anderes, am Wesentlichen orientiertes Leben zu suchen, zu festigen, birgt mithin für Sie keinerlei Risiko in sich. Wir wissen ja, daß die Position, die wir momentan einnehmen (»müssen«), für unsere Seelen falsch ist, weil sie uns leiden macht. Gehen wir also getrost neue Wege.

Dieses Leben ist unsere Angelegenheit. Sie persönlich leiden, haben vieles erkannt, also sind es auch Sie persönlich, der handeln muß. Ändern können wir alles, wenn wir es wollen und wir uns unsere Verbündeten in dieser großen Schicksalsgemeinschaft suchen. Das heißt: wenn wir andere im Sinne des Wesentlichen ansprechen, sie aufmerksam machen und den einsichtigen, aber emotional Schwächeren unter uns, den Schwankenden, helfen, Tag für Tag den neuen und mitunter mühevollen Weg zu beschreiten.

Wenn Sie etwas Wesentliches für sich selbst erkannt haben, versuchen Sie, es für sich in zäher Liebe über die eventuelle Abwehr des anderen, der es noch nicht kennt, hinaus in Ihrem Alltag umzusetzen; immer im Wissen, daß Sie nur beitragen und nichts – außer für sich selbst – bestimmen dürfen. Das Versprechen, das Sie sich auferlegt haben, wenn Sie Ihr Dasein zum Wesentlichen hin verändern wollen, beinhaltet auch, daß Sie für andere und deren Suche offen sind. Nicht mehr, aber auch nicht weniger. Je mehr Menschen diesen Weg der Suche und Bereitschaft gehen, desto besser fühlen wir uns alle im seelischen, wesentlichen Teil unseres Lebens.

Je mehr es sind, die sich selbst verändern, ihr tägliches Tun, ihre Haltung und Meinung, desto eher wird letztlich das System, in dem wir leben, verändert. Die Gesellschaft sind schließlich *wir*. Unseren Alltag organisieren weitgehend wir selbst. Nicht »das System« ist schuld an unserem Seelenschmerz, sondern unsere Angst davor, dieses System zu verändern, unsere Angst vor der Auseinandersetzung mit dem Wesentlichen. Ergreifen wir unsere unmittelbaren Chancen: Halten wir jetzt unsere (bereits erlahmenden) Kräfte sorgsam zusammen, bauen wir sie wieder auf, organisieren wir uns *anders*.

Was uns leiden macht, ist von Menschen geschaffen. *Noch* hat es sich nicht verselbständigt. Noch können wir Einhalt gebieten.

Unsere Lebensaufgabe ist der persönliche Beitrag zu einem großen Sinn. Wir sollten versuchen, diese Aufgabe zu meistern. Zuallererst ist dazu nötig, daß wir, um das Wesentliche in uns (wieder) zu hören und zu erspüren, in kleinen Schritten die erwerbsfreie Zeit unseres Alltags anders gestalten.

Fremdbestimmung abstellen – sich selbst begegnen

Sorgen Sie als erstes in Ihren eigenen vier Wänden für eine Stille, in der Sie selbst wieder zur Geltung kommen und aufleben können. Animieren Sie Ihre Mitbewohner, sofern Sie sie haben, Ihnen bei Ihrem Wunsch mitzuhelfen. Sprechen Sie mit ihnen über Ihre eigenen Gründe, und weisen Sie ihnen nach (Sie können es!), welche Auswirkungen die ständige Geräuschberieselung in der vergangenen Zeit auf ihr seelisches Wohlbefinden, ihr Verhalten, gehabt hat. Bleiben Sie mit Ihren Vorschlägen erfolglos, üben Sie keinen Druck aus, und verwirklichen Sie sie für sich allein, so gut es Ihnen möglich ist. Sie können sich dabei sicher fühlen, daß Ihre Veränderung sich letztlich doch positiv auf Ihre Mitbewohner auswirken wird, daß Sie nach einiger Zeit um Ihre Veränderung, Ihre neuen seelischen Möglichkeiten beneidet werden und man Ihnen deswegen eines Tages freiwillig wird nacheifern wollen. In *jedem* ist die Sehnsucht nach Wesentlichem angelegt. »Alleingelassen« sind Sie schon deshalb nicht, weil das Wesentliche Sie leitet und Ihnen Kraft gibt. Ein Schritt in die richtige Richtung – und es folgen bald wie von selbst zwei weitere nach. Etwas wartet auf Sie.

Über das Medium Fernsehen wurde im Kapitel »Die Medien« viel nachgedacht. (Wenn Sie mögen, rekapitulieren Sie dort ab Seite 22 rasch das Wichtigste, ehe Sie weiterlesen.) Es gibt für diese immer bereitgehaltene, in den meisten Fällen auch ständig empfangene Durchwirkung unseres eigenen Lebens, für diese unausgesetzte Manipulation und Aufstachelung, nur eine Lösung:

Schaffen wir sie ab. Dies meint nicht zwangsläufig, daß jeder von uns nun sein Fernsehgerät auf den Müll tragen muß (was wiederum ein gewaltiges Umweltproblem darstellte), obwohl die Abschaffung eines Fernsehapparats sicher uneingeschränkt gutzuheißen ist. Es bedeutet vielmehr: Schaffen wir »das Fernsehen« als ständige Institution in unserem Leben, als Bestandteil unseres Alltags, ab. Und zwar nicht, indem wir uns vorgaukeln, Sendungen »bewußt auszuwählen« – letztlich als Alibi für das Einschalten, um dann doch vor dem Gerät hängenzubleiben. Sondern indem wir uns sagen: Grundsätzlich wird nicht ferngesehen. Die Ausnahmesituationen, zu denen wir bewußt Bilder als Zusatzinformation haben möchten, stellen sich von allein ein. Sehen Sie das Medium Fernsehen als reine Informationsquelle an, verzichten Sie ganz auf diese Art der »Unterhaltung«, die Ihnen nur Zeit stiehlt und Sie nicht wirklich entspannt.

Wenn Sie Kinder haben, dann konnten Sie bestimmt schon feststellen, daß Erlebnis- oder Abenteuerfilme Unruhe schaffen, ablenken und *eben nicht* Aggressionen abbauen oder in irgendeiner anderen Form weiterhelfen. Denken Sie sich, falls Sie das Medium Fernsehen mitunter so benutzten, statt dessen einen anderen »Babysitter« aus. Sie werden bei gründlicher Überlegung auf mehrere Lösungen kommen, die allesamt besser, Ihrem Kind förderlicher sind. Und wenn Sie feststellen, daß Ihr Sprößling bei anderen Kindern um so mehr in die Röhre guckt, sprechen Sie doch mit den Familien – sie sind vielleicht ganz dankbar für Ihr »Entgegenkommen«!

Das Mitredenkönnen über die letzte Tagesschau oder den Spielfilm vom vergangenen Abend ist kein Argument. Hinter ihm verbirgt sich die Angst vor der »Leere ohne Programm«, man will Gesprächsstoff haben, weil man meint, es gäbe nichts Wesentlicheres zu berichten. Ein einfaches Denkbeispiel: Bereits wenn die Arbeitskollegin, mit der Sie morgens täglich im Bus fahren, vom Kirschbaum fällt und sich den Arm bricht, verblaßt das Thema »TV« als Morgenunterhaltung gänzlich. Es ist also nur (auch bei Scheinaufregungen, wie sie durch einen besonders effektvollen Krimi oder einen live übertragenen Raubmord entstehen) ein Ersatzthema. Das wirkliche Leben, das unmittelbare um Sie und Ihre Mitmenschen herum, ist, sobald man die Ereignisse auch wieder als solche wahrzunehmen vermag, grundsätzlich interessanter. Daß sich in Ihrem Leben von jetzt an wieder etwas ereignet, dafür sorgen Sie selbst – indem Sie es wieder selbst leben und nicht an das Medium Fernsehen abgeben.

Bedenken Sie bitte außerdem, daß die Nachrichtensendungen im Fernsehen nicht nur beständig Dinge melden, die Ihr eigenes Leben sinnlos überfluten (siehe Kapitel »Die Medien«), sondern daß dort auch jene Tatsachen, die Sie wirklich wissen sollten, über alle Maßen ausgeschlachtet, also vielfach wiederholt und ausgeschmückt werden. Das Beispiel Fernsehberichterstattung zur Zeit des Golfkrieges 1991 möchte ich an dieser Stelle noch einmal bringen: Wir *wußten*, daß Krieg war. Was haben uns all die Bilder des Grauens, all die Diskussionen darüber hinaus genützt? War es nicht verwerflich, sie anzusehen? Gelähmt starrten Millionen Menschen auf das in immer neuer Form präsentierte »Geschehen«, über das sie doch nicht mehr erfuhren, als die Zensur erlaubte. Kurze Zeit vor Ausbruch des Golfkrieges wurden in Tibet Tausende von betenden Mönchen erschossen. Darüber wurde minimal berichtet. Sie sehen: In der Gier nach Bildern von »elementaren« Erlebnissen sitzt der Fernsehkonsument ohnehin Manpulatoren, Zensoren und üblen Schaumschlägern auf. Entziehen Sie sich einem Medium, das permanent Themenschwerpunkte schafft, deren

Relevanz Sie nicht überprüfen können, und in dem Berichte in einer Art und Weise hochgekocht werden, daß deren Seriosität für den Verbraucher nicht mehr durchschaubar ist. Vergessen Sie nicht, daß auch Fernsehmacher sich sehr oft in eine Scheinrealität geflüchtet und ihr Leben, ihr Selbst, abgegeben haben.

Wir können durch ein besser geeignetes Medium als das Fernsehen über das, was außerhalb unseres persönlichen Alltags geschieht, Bescheid wissen: eine seriöse Zeitung. Die Bezeichnung »seriös« ist keine handverlesene Ironie in einem von Medien und »schneller Information« durchseuchten Zeitalter, sondern eine (noch immer) zutreffende Charakterisierung für jene Blätter, die Sie in Ihrer Umgebung sicher leicht ausfindig machen können. Zwar gilt auch hier, daß Sie viele Informationen nicht selbst überprüfen können, aber zwei Argumente, die ich im ersten Teil des Buches schon erwähnte, sprechen deutlich für das Medium Zeitung (wobei die tägliche Nachrichteninformation aus dem Radio die noch weit bessere und übrigens auch schnellere ist als die im Fernsehen): Erstens wird hier anders gearbeitet als im Fernsehen, weniger effektbezogen und schon im Hinblick auf das Endgültige eines gedruckten Textes verantwortungsbewußter. Zweitens sind Sie beim Lesen einer Zeitung ein anderer beziehungsweise eine andere, als wenn Sie Fernsehsendungen konsumieren. Sie müssen Aktivität und eigene Gedanken einbringen, sind prüfend beim Lesen, da Sie einhalten können, wann immer Sie wollen; und Sie können die Ihnen vorgelegte Meinung jederzeit, auch nach Jahren noch, wieder hervorholen und für Ihre Gedanken erneut verwenden oder anderen im Gespräch nachweisen. Die Tageszeitung (Revolverblätter ausgenommen), die Wochen- oder Monatszeitschrift (diese muß keineswegs politisch, sondern kann auch fachspezifisch oder unterhaltend sein) tritt mit Ihnen also in einen stillen Dialog, der Ihre Nerven schont und Sie nicht für unmündig erklärt.

An dieser Stelle möchte ich erwähnen, daß ich als Verfasserin dieser Zeilen kein Fernsehgerät besitze, noch nie eines besaß, keines besitzen werde, die Tageszeitung jedoch abonniert habe und sehr viele Zeitschriften im Lauf eines Jahres lese, regelmäßig davon nur eine politische Wochenzeitschrift. Dies war meine klare Entscheidung, weil ich das Fernsehen gut und die Redaktionen zweier Zeitungen leidlich gut von innen kenne, das Verhalten von Zuschauern jahrelang sehr genau beobachten konnte und die Aufmerksamkeit von Lesern gegenwärtig in allen mir erreichbaren Formen studiere.

Zurück zu Ihnen: Denken wir gemeinsam über Ihre Zeit, Ihre persönliche, erwerbsfreie Zeit nach. Dreieinhalb bis vier Stunden täglich blockiert die Droge Fernsehberieselung den Mitteleuropäer, ob er sich ihr bewußt oder »nur nebenbei« hingibt. Wählen wir jetzt eine Beispielalternative in Reinform, auch wenn sie auf Sie nicht genau so zutrifft – nur als Denkmodell: Ein Mensch, der sich dem dreieinhalbstündigen täglichen »Fernsehzwang« entzieht und statt dessen zu seiner Information ausgiebig Zeitung liest, wofür wir – großzügig berechnet – einmal eine Dreiviertelstunde ansetzen, verfügt täglich über zwei volle Stunden und eine Dreiviertelstunde mehr Zeit. Damit kann er entweder konzentriert etwas tun, was er sonst nur notgedrungen »nachher« getan hätte, oder das tun, was er eigentlich tun will.

Verweilen wir vorerst bei jenen Dingen, die Sie in Ihrer erwerbsfreien Zeit tun möchten, frei gestalten können und die Sie bereichern sollen. (Wie Sie in Ihrer Freizeit die Dinge, die Sie tun *müssen*, so gestalten können, daß Sie sie tun *wollen*: dazu viele Anregungen im nächsten

Kapitel.) Wählen Sie genau aus, was Sie in der Zeit, die Ihnen ohne Einschränkung zur Verfügung steht, machen werden. Denken Sie sich in den ersten Wochen Ihrer Veränderung (sofern es für Sie eine solche ist und Sie sie wünschen) einen Plan aus, was Sie in Ihren erwerbsfreien Stunden unternehmen möchten. Stellen Sie sich dabei stets die Frage, ob Sie nun etwas in sich aufnehmen, sehen, betrachten, anhören wollen, oder ob Sie sich mit sich selbst beschäftigen mögen.

Um das Wesentliche besser herausspüren zu können, sollten Sie sich stets vergegenwärtigen, daß Sie es suchen – ob bei sich selbst oder beim anderen. Sagen Sie sich: »Ich will mehr über mich wissen, meine wahren Sehnsüchte kennenlernen, fühlen, wohin ich gehe. Ich will das Immaterielle in mir und meiner Umgebung sehen, fühlen lernen. Ich will darüber mehr wissen, ich will mehr über das Leben wissen, das hinter unseren Gegebenheiten, hinter dem Materiellen ist.« Akzeptieren Sie, daß Ihre Suche, Ihre Veränderung, in den ersten Wochen Mühe kostet. (Für jedes Hobby wird dieser Umstand fraglos akzeptiert.) Arbeiten Sie an sich. Und tun Sie das, was Sie tun, konzentriert und mit Hingabe. Lernen Sie dieses seltsame Gefühl ausschließlichen Glücks kennen, das einen schöpferischen Menschen beim Eintauchen in Wesentliches beschleicht. Selbst wenn es Ihnen nur eine Stunde am Tag gelingt, dicsem Gefühl nachzuspüren, wird es Sie verändern und Sie beschenken.

Wenn Sie etwas in sich aufnehmen möchten, so suchen Sie sich eine Radiosendung aus, die Sie mit Ihrem tiefsten Gefühl der wesentlichen Ahnung in Zusammenhang bringen. Überprüfen Sie die Programmanzeigen genau; rufen Sie bei Ihrem Radiosender an, wenn Sie nicht über genügend Informationen verfügen; lassen Sie sich ausführliches Material zuschicken. Schalten Sie zur Sendung ein und anschließend wieder aus. Das Gehörte soll in Ihnen nachwirken. Bilden Sie sich Ihre Meinung, und schreiben Sie sie auf. Oder besuchen Sie ein Konzert, einen Film, und beantworten Sie sich anschließend (am Anfang Ihres neuen Weges möglichst allein) die Frage, ob Sie soeben etwas Wesentliches gesehen oder gehört haben. Schreiben Sie auch hier Ihre Antworten auf, setzen Sie sich später immer wieder mit den zurückliegenden Eindrücken auseinander. Lassen Sie sich Ihre tägliche Zeit für Ihren Wesentlichkeitsbegriff, Ihre Arbeit an Ihrem geistigen Selbst, nicht nehmen. Sie brauchen sie unbedingt. Wenn es Ihnen gelingt, diese Zeit zunächst (ehe Sie sich mit Verbündeten zusammentun können) allein zu verbringen, so werden Sie tiefer zu sich selbst, zu Ihren Ergebnissen gelangen. Lassen Sie sich nicht irritieren, Sie tun das Richtigste, was ein Mensch heutzutage tun kann. Ein Gefühl von Einsamkeit wird Sie nicht beschleichen, wenn Sie sich auf das konzentrieren, was Sie für gut halten. Nur in den ersten Tagen oder Wochen wird diese Konzentration schwer sein, dann ernährt sie sich durch ihre Ergebnisse.

Lesen Sie *ein* Buch, nicht zwei gleichzeitig, und erkunden Sie es nach dem Wesentlichen seines Inhalts. Legen Sie ein Buch beiseite, wenn es Ihren Erwartungen nicht entspricht. Fangen Sie das nächste an. Stören Sie Geräusche von außen, verwenden Sie einen Ohrenschutz, oder lesen Sie dann weiter, wenn Sie sich wieder konzentrieren können. Gestatten Sie sich keinesfalls, über Sätze oder Passagen ohne echtes Verständnis hinwegzulesen. Bleiben Sie stets sorgfältig in Ihrer Arbeit an sich selbst, dem Immateriellen in sich. Überprüfen Sie auch hier Ihre Ergebnisse. Ein Buch ist kein Medium im Sinne eines bloßen Datenübermittlers: Bücher, die wirklich Bücher sind, *denken* auch. Sie denken in Ihnen. Sie helfen Ihnen,

Ihren immateriellen Reichtum zu bilden. Jedes ausgereifte Werk der Literatur kann sich an diesem Anspruch messen, ohne deswegen besonders schwierig sein zu müssen. Meiden Sie bei Ihrer Suche nach dem Wesentlichen »Krimis«, Spionageromane oder subtil sadistische Literatur, füllen Sie Ihre Seele mit Unvergänglichem an. Lesen Sie zum Beispiel Biographien von Künstlern oder Werke von Dichtern, die Ihnen etwas bedeuten, im Sinne des immateriellen Werts. Überprüfen Sie nach der Lektüre jeweils, was Sie fühlen, wie es Ihnen geht, ob Sie beunruhigt sind oder sich wohl fühlen, vertrauend und zufrieden sind. Alles, was uns heilen und bewahren kann, tragen vor allem Bücher als Geheimnis in sich – so lange, bis wir sie ausfindig machen und uns ihnen mit dem Aufschlagen des Buchdeckels öffnen.

Wenn Sie so weit sind, daß Sie sich mit sich selbst beschäftigen möchten (stellen Sie sich die Frage: Möchte ich etwas aufnehmen oder mich mit mir selbst beschäftigen?), dann besorgen Sie sich einfache Malsachen oder einen Block zum Schreiben. Malen Sie, was Sie fühlen. Nicht, um »Kunstwerke« zu vollbringen, sondern um sich selbst und Ihren Fragen näher zu kommen: Ihren Gedanken, Ihren Gefühlen. Malen Sie viel, heben Sie die Bilder auf, datieren Sie sie. Es sind Stationen Ihrer Auseinandersetzung mit dem Wesentlichen in sich. Stellen Sie sich Fragen (als wichtigstes Beispiel: *Woran glaube ich?*), die Sie sich malend zu beantworten versuchen. Oder schreiben Sie auf, was Sie denken, womit Sie hadern, worauf Sie hoffen. Sorgen Sie auch hierbei, beim Malen und Schreiben, für Stille um sich herum. Sie werden erstaunt sein, wieviel schon nach kurzer Zeit aus Ihnen an bisher stetig Zurückgehaltenem herausströmt.

Bei all dieser Arbeit an sich selbst, der Auseinandersetzung mit Ihrem Wesentlichen, sollten Sie sich nie irgendeine Leistung abfordern. Lediglich die Zeit, die Sie für diese Beschäftigung ausgewählt haben, sollten Sie regelmäßig und strikt einhalten.

Betrügen Sie sich nicht länger um Ihr eigenes Leben, sammeln Sie Erfahrungen, an denen nur Sie beteiligt sind. Entdecken Sie Ihre eigenen, hier nicht erwähnten Möglichkeiten, machen Sie eigene Entdeckungen, Erfindungen, um sich dem Wesentlichen zu nähern. Entdekken Sie Ihre aktive schöpferische Kraft. Ausreden dürfen Sie vor sich selbst nicht gelten lassen, denn Sie haben hier auf Erden nur dies eine Leben und sollten es nicht mit materiellen Nebensachen oder Zerstreuung vergeuden. Im Grunde Ihrer wahren Existenz gibt es nichts, wovor Sie fliehen, was Sie verdrängen müssen. Sie sind am Leben, können denken und fühlen – und in der Umgebung, in der Sie wohnen, haben Sie alles, was Sie brauchen – wahrscheinlich sogar viel zuviel davon. Denn: Je bescheidener Ihr Alltag ist, desto mehr persönlichen Freiraum haben Sie für die Belange der Wesentlichkeit. Denken wir im folgenden über Ihren Alltag nach und wie er gegebenenfalls verändert werden kann, damit Sie besser zu sich finden – zum Wesentlichen Ihres Lebens.

Die Attraktivität des eigenen Lebens

Es mag sein, daß Sie noch ungezählte materielle Wünsche haben. Diesen oder jenen Gegenstand könnten Sie vielleicht Ihrer Meinung nach »noch gut gebrauchen«, oder Sie glauben sogar, ihn unbedingt haben zu müssen. Möglicherweise träumen Sie von einem neuen Wagen, einer neuen Couchgarnitur aus Leder, vielleicht auch von einer ultramodernen Stereoanlage »mit allen Schikanen« . . . Ganz gleich, ob Sie sich in luxuriösen, durchschnittlichen oder ungünstigen Verhältnissen befinden: Die Wahrheit ist, daß Sie – sofern Sie nicht an der Armutsgrenze leben – die allermeisten Dinge, von denen Sie träumen oder deren Kauf Sie bereits beschlossen haben, keineswegs benötigen. Ihre unmittelbaren Bedürfnisse sind garantiert gedeckt, darüber hinaus brauchen Sie im Grunde nichts, um Sie selbst zu sein. Nur dann aber, wenn Sie Sie selbst sind, wenn Sie Ihrem wahren, ursprünglichen Leben und somit dem Wesentlichen vertrauen, können Sie wirklich glücklich sein. Die Dinge, die uns inzwischen im westlichen Europa so im Übermaß umgeben, sind bestenfalls Hilfsmittel auf unserem Weg zum Glück. Meistens jedoch blockieren sie ihn geradezu – und wir bemerken es nicht.

Wenn Sie sich aus Ihrem Inneren heraus glücklich fühlen, weil Sie eine wesentliche Sinnerfahrung gemacht haben (durch Liebe, zum Beispiel), so würden Sie dieses Gefühl der Erfüllung nicht gegen die Befriedigung materieller Wünsche eintauschen wollen. Ein solcher Tausch schiene Ihnen abgeschmackt und dem wahren Leben fern. Im umgekehrten Fall bedeuten Ihnen die Dinge in wirklicher Verzweiflung rein gar nichts mehr. Das tiefste seelische Gefühl in uns also fragt überhaupt nicht nach den Dingen. Diese Erkenntnis sollten wir uns immer wieder ins Gedächtnis rufen und uns daran in unserem täglichen Leben orientieren – damit wir wieder zu uns selbst und unserem wirklichen Glück zurückfinden.

Wie immer Sie nun leben, ob Sie geringe (dann ist alles einfacher) oder üppige Mittel zu Ihrer Verfügung haben, oder sich selbst als materiell mittelmäßig ausgestattet einschätzen – Sie sollten, ehe Sie Ihrer persönlichen Umgebung auch nur noch einen einzigen weiteren Gegenstand hinzufügen, Bilanz ziehen über die Dinge, die Sie bereits besitzen. Versuchen Sie dabei, Ihre »Besitztümer« entweder elementar auf ihre Notwendigkeit oder auf ihre immaterielle Bedeutung für Sie persönlich zu überprüfen. Ein drittes Kriterium, das den Verbleib eines bestimmten Gegenstands in Ihrer privaten Umgebung rechtfertigen könnte, gibt es genaugenommen nicht.

Und darum geht es hier zunächst: Lassen Sie sich nicht durch unnötigen oder unbeseelten Besitz von sich selbst ablenken oder gar von ihm vereinnahmen (viele Menschen sind regelrechte Sklaven ihres Besitzes geworden).

Sehen Sie sich nun bitte in Ihren eigenen vier Wänden um, und fragen Sie sich, was von all dem, was Sie vor sich sehen, für Sie wirklich unabdingbar ist, um weiterzuleben.

Fragen Sie sich dann, mit welchen von den nicht benötigten Gegenständen Sie eine bestimmte Erinnerung oder ein bestimmtes Gefühl verbindet, das Sie in Ihrem Leben nicht missen möchten.

Sehr wahrscheinlich umgeben Sie auch viele Dinge, die Sie keiner der beiden Kategorien zuordnen können. Diese Dinge unterziehen Sie jetzt bitte der simplen Prüfung, ob Sie sie im ganzen zurückliegenden Jahr auch nur ein einziges Mal benötigt haben – seelisch oder als Gegenstand. Von den Dingen, die Sie nicht gleich den ersten beiden Kategorien zuordnen konnten, *sollten* Sie sich trennen und die Gegenstände, für die Sie überhaupt keine Antwort hatten, *müssen* Sie meiner Meinung nach aus Ihrer persönlichen Umgebung entfernen: Sie belasten Sie sinnlos.

Leben Sie noch mit anderen Bewohnern zusammen und besitzen Sie vielleicht mit ihnen verschiedene Dinge gemeinsam, so bringen Sie ein Gespräch über den Sinn einzelner Gegenstände Ihrer persönlichen Umgebung in Gang. Wenn Sie mit einem Kind zusammenleben, werden Sie erstaunt sein, mit welcher Präzision es die drei Fragen nach seinen persönlichen Dingen beantwortet, sobald es sie benennen und sich ausdrücken kann. Kinder haben meist konkrete oder stark phantasiegeladene Beziehungen zu ihren Gegenständen, ganz gleich, wie viele sie besitzen. Sie legen dabei größten Wert auf diese Verbindung und umgeben sich grundsätzlich ungerne mit Dingen, zu denen ihnen die Beziehung verlorengegangen ist. Kinder können uns lehren, wie man Gegenstände ihrer Ausstrahlung oder ihrer Funktion wegen liebt – beziehungsweise wie man den primitivsten Dingen eine neu ausgedachte Funktion abgewinnen oder sie beseelen kann.

Bringen Sie also in sich selbst – oder gemeinsam mit Ihren Wohngefährten – einen Diskurs über Ihre dinglichen Besitztümer in Gang. Überlegen Sie, ob es nicht das Beste wäre, die »Dinge ohne positive Antwort« zu verschenken, zu verkaufen oder tatsächlich wegzuwerfen beziehungsweise zu entsorgen. Sie können dadurch auch äußerlich ein klareres, auf das Wesentliche ausgerichtetes Leben beginnen.

Es steht Ihnen selbstverständlich frei, strikt nach der vorgeschlagenen Regelung zu verfahren oder sie als Gedankenanstoß zu verstehen. Sie sollten sich aber klarmachen, daß eine gewisse Konsequenz beim Abwerfen von Ballast unabdingbar ist, wenn Sie dadurch eine wirkliche

Erleichterung spüren wollen. Je konsequenter Sie dabei vorgehen, Ihre bisher eher beliebige Umgebung durch eine notwendige zu ersetzen, desto besser werden Sie sich anschließend fühlen.

Dehnen Sie Ihre Aktion, sofern Sie sich zu ihrer Durchführung entscheiden, auch auf Ihre »Verstecke« aus – auf Ihre Kellerräume, Ihre Garage, Ihre Abstellkammer. Schaffen Sie sich bewußt eine klare Umgebung aus Dingen, deren Gegenwart Sie begründen können. Schließen Sie in Ihre Überprüfung auch anderes ein, das Ihr häusliches Leben scheinbar automatisch mit sich brachte. Denken Sie zum Beispiel nach, ob die Versicherungen, die Sie abgeschlossen haben, nicht auf einer übersteigerten Angst beruhen und im Grunde entbehrlich wären. Nehmen wir nur einmal Ihre Hausratversicherung: Selbstverständlich gibt es materielle Grundbedürfnisse, die Sie nach einem Unglücksfall (Brand oder ähnlichem) gewährleistet wissen müssen. Diese Grundbedürfnisse sind jedoch um einiges weniger umfangreich, als allgemein angenommen. Gerade durch eine Prüfung des Schicksals, als die ein jeder Unglücksfall aufzufassen ist, kann man lernen, die jähe Veränderung anzunehmen, das Gute daran zu sehen und eben nicht den vorherigen Zustand so bald und so deckungsgleich wie möglich wiederherzustellen. Die wahren Verluste sind durch Geld ohnehin nicht auszugleichen.

Sollten Sie in der nächsten Zeit die Aufnahme eines Kredits planen, so nehmen Sie diesen unter den Aspekten Ihrer – vielleicht – neuen Sicht noch einmal ins Visier. Sehr wahrscheinlich ist es angesichts der neu entstehenden Abhängigkeiten besser umzudisponieren – und sich *Ihrer Freiheit zuliebe* »einzuschränken«.

Denken Sie auch über Ihr Auto nach, so Sie eines besitzen. Folgende Fragen könnten Ihnen dabei hilfreich sein:

Warum haben Sie dieses Auto? Was verbinden Sie emotional damit? Was hat bei der Anschaffung speziell des Autos, das Sie fahren, den Ausschlag gegeben? Ist es ein Teil Ihrer Persönlichkeit? *Brauchen* Sie wirklich ein Auto? Denn bei aller Beweglichkeit, die man so einem Automobil verdankt, sollte man auch bedenken, daß es eine ganze Menge Abhängigkeiten schafft. Abgesehen von den Geldmitteln, das es frißt und die auch erst aufgebracht werden müssen (oder für anderes – für Erfreulicheres – verwendet werden können), erfordern Versorgung, Reparatur, Wartung, Unterbringung (Parkplatzsuche, Tiefgarage) oft Zeit und Umständlichkeiten, die nicht in Relation zum Nutzen und Zeitgewinn stehen, insbesondere in der Stadt.

Geradezu peinlich wird die Abhängigkeit, wenn vor lauter »Auto« die Wahrnehmung echter Alternativen dazu blockiert wird – und die Naturschädigung durch das heißgeliebte Konsumobjekt kann ich an dieser Stelle nur erwähnen. Viele Erledigungen lassen sich ohne Auto lustvoller, freier und kreativer gestalten, denn allein ihre Notwendigkeit wird erst einmal vorsortiert. Und sie werden dann gemacht, wenn sie zeitlich am besten in das Tageskonzept passen – und nicht, weil sie noch per Auto in ein Zeitloch gepreßt werden können.

Stellen Sie eine Bilanz auf, und ziehen Sie die für Sie persönlich machbaren Konsequenzen aus Ihren Überlegungen zum Thema Auto!

Bleiben Sie bei allen Fragen zu Ihrem materiellen Besitz sich selbst gegenüber ehrlich. Niemand kontrolliert Sie. Die wahrhaftige Arbeit an Ihren persönlichen Lebensumständen ist jedoch gegenwärtig von allergrößter Wichtigkeit für die Zukunft Ihrer Seele.

Auch hier, beim Erkennen Ihrer materiellen Umgebung, ist es hilfreich, wenn Sie sich Notizen machen.

Trennen Sie aber bitte die beiden Bereiche: Die Notizen zu Ihrem dinglichen Besitz sollten nicht mit denen zu Ihren persönlichen Glaubensfragen (siehe voranstehendes Kapitel) vermischt werden – Sie müssen dafür eigens ein paar Stunden der Besinnung anberaumen. Es ist wichtig, daß Sie zuerst über Ihre Sicht von Wesentlichkeit nachdenken und dann über Ihre materielle Umgebung, weil Sie sonst genau den Fehler wiederholen, der unserer ganzen Gesellschaft zugrunde liegt.

Reflektieren Sie auch über das Abstrakt-Materielle: Denken Sie über Geld als solches nach. Was ist es? Ist es lebendig? Kann es denken? Inwieweit ist es für Sie wirklich nötig, ermöglicht es Ihnen Unentbehrliches und den Freiraum für Wesentliches? Inwieweit trägt es zu Ihrem bloßen Vergnügen bei, oder inwieweit schadet es Ihnen, Ihrer Seele? Und dann: Werden Sie gerecht bezahlt? Ihrer Arbeit gemäß? Oder sind Ihre Bezüge eine Art Bestechungsgeld, weil Sie in Ihrer Erwerbstätigkeit auf Ihre wesentliche Erfüllung verzichten? Wenn ja, wie belohnen Sie sich für diese unfreiwillige Entselbstung am Arbeitsplatz? Mit Dingen? Ist dieser unheilvolle Kreislauf nicht vielleicht unterbrechbar für Sie?

Lassen Sie Ihre Antworten auf diese Fragen erst einmal in sich wirken, sie berühren bereits einiges, worüber ich mit Ihnen im übernächsten Kapitel nachdenken möchte. Sind Sie jetzt sehr in Anspruch genommen durch eigene Gedanken, so legen Sie das Buch bitte weg, und lesen Sie zu einem anderen Zeitpunkt weiter. Das Buch wird auf Sie warten, bis Sie wieder bereit sind.

Im folgenden werde ich zunächst auf das Thema Gegenstände noch einmal näher eingehen. Ich möchte Sie nach der Schönheit und Einfachheit der Dinge fragen, die Sie täglich benutzen oder zwischen denen Sie leben.

Je blasser unsere Seelen in den letzten Jahrzehnten

wurden, desto mehr haben wir uns mit grellbunten, pompös gestalteten oder neu-modisch bizzaren Dingen umgeben (Trendartikeln, Wegwerfware), die so gut wie nichts ausstrahlen außer den Drang, mehr zu scheinen als sie sind. Unsere Welt ist vollgestopft mit Angeberdingen, die die Orientierungslosigkeit ihrer Macher wie auch ihrer Benutzer widerspiegeln. Mittels dieser Dinge wird die immer nur kurzzeitige Irritation in einer inhaltsleeren Bilder-Welt erzielt, in der das Vorbild verlorengegangen ist. Die hektische Suche nach einem immer »neuen« Lebensgefühl – das den Verlust des wesentlichen Seins verdekken soll – erfordert immer schneller immer grellere Effekte: Immer schneller immer häufigere Kauftätigkeiten mithin.

Die Gesamtausstrahlung eines Raumes setzt sich aus der Wirkung jedes einzelnen Gegenstands zusammen, der sich in ihm befindet. Wäre die Ausstrahlung eines Raumes hörbar, lebten viele von uns in einem Hupkonzert. Jedes Ding will auf sich aufmerksam machen und ist geeignet, die Konzentration des Bewohners unentwegt zu stören. Fast schon jeder in unserer modernen und unorientierten Zeit hergestellte Gebrauchsgegenstand ist in sich disharmonisch und protzig – das Zusammenspiel vieler solcher Gegenstände wirkt auf den, der das Wesentliche sucht, grauenvoll.

In unserer Zeit ist es unabdingbar, einen neuen, uns seelisch wohltuenden Schönheitsbegriff der Dinge zu definieren. Ein Gegenstand ist nach meiner Auffassung nur dann wirklich schön, wenn er unsere Seele, unser Befinden nicht irritiert, wenn er schlicht ist und seine Form in einer harmonischen Relation zu seiner Funktion steht. In früheren Jahrhunderten wurden die Gebrauchsgegenstände zwar aufwendigst hergestellt und kunstvoll verziert, doch sprengte ihre Form meist dennoch nicht die Funktion, für die sie geschaffen worden waren. Das Menschenbild, die Begriffe von Sinn oder Unsinn und auch die Vorstellung von einer höheren Welt, die über der dinglichen erhaben ist, hatten damals noch ein festes Gefüge. Heute finden wir bald in jedem Geschäft Stühle, auf denen kein Mensch sitzen kann, so »fashionable« sind sie, Flaschen mit zwei spiralförmigen und »witzigerweise« dicht nebeneinanderliegenden Flaschenhälsen oder auch Tische mit aufgerichteten Metallzacken am Tischrand. Wir sind im Zeitalter des monströsen Schnickschnacks und der Disharmonie gelandet. Wir besitzen zahllose Gegenstände, die in der sinnlosen oder sinnentstellenden Aufblähung ihrer Funktion ausgesprochen häßlich und uns im Grunde genommen hinderlich sind. Eine Entwicklung ist dieser Fortschritt in Sachen Gestaltung sicher nicht zu nennen. Vielmehr kommt es jetzt darauf an, mit der Freiheit unseres – ausgehenden – Jahrhunderts zu der Zeit zurückzufinden, in der die Dinge auch nach ihrem Sinn gestaltet wurden.

Nur in seiner einfachsten Form regt uns ein Gegenstand wirklich dazu an, ihn zu nutzen, ihn zu beseelen, mit ihm etwas Sinnvolles zu tun. Ein Gegenstand, der seine Existenz auch ohne den Menschen behauptet, läßt dem Menschen keinen Raum. Wir laufen Gefahr, nicht zu bemerken, wie die Dinge uns ausstoßen, uns zu ihren Untertanen machen. Wir besitzen sehr viele Gegenstände, mit denen wir immer weniger tun. Umgekehrt aber wäre es sinnvoll: Wir sollten nur weniges unser eigen nennen, um damit viel zu erleben. Was wir brauchen, ist eine andere Haltung zu den Dingen.

Im tiefsten Inneren ist uns natürlich klar, daß es nicht die Dinge sind, die uns zu einer Persönlichkeit werden lassen, sondern daß wir es sind, die den Dingen zu ihrer Bedeutung verhelfen. Wir möchten sie unsere Persönlichkeit begleiten lassen, so daß sie nach langen Jahren der Begleitung Spuren unserer unverwechselbaren Identität, unseres Lebens tragen. Wir lassen diesen Wunsch aber nicht konsequent in unser alltägliches Bewußtsein ein. Durch den Mangel an Wesentlichem verstört, irritiert und permanent von uns selbst durch alle Arten von Werbung abgelenkt, kaufen wir unglaublich viel, um uns der treuen Gegenwart der Dinge zu versichern. Nicht einmal bei Jeans, die am besten vom ersten Tag an so verwaschen und abgetragen aussehen sollen, als würden sie uns schon jahrelang begleiten, machen wir uns klar, welche Sehnsucht dieses Kriterium ausdrückt. So kaufen wir uns »gelebtes« Leben in Gestalt von künstlich hergestellter »Patina« und fühlen uns auch in diesem Versuch nach kurzer Zeit unwohl, weil sie die Wahrheit so schlecht imitiert. Wir brauchen *neue* »alte« Jeans ... Gerührt stehen wir dann im Museum vor dem Schreibetui eines Komponisten, das sein einziges gewesen ist und uns allein schon deshalb so viel über die Person des Eigentümers mitzuteilen weiß: Es strahlt die Spuren des Schicksals und beständiger Arbeit aus. Trotzdem übertragen wir dieses Gefühl noch immer nicht auf unser tägliches Leben – daß nämlich wir es sind, die den Dingen einen Zauber verleihen, wenn wir wesentlich leben, und nicht umgekehrt.

Wir müssen also wieder lernen, was wir als Kinder ganz natürlich von selbst konnten: eine Beziehung zu wenigen und uns über lange Jahre begleitenden Dingen aufzubauen. Dabei sollten wir jene Dinge des täglichen Gebrauchs zu unseren »Begleitern« ernennen, die im Sinne der genannten Definition schön sind. In unserer heutigen Zeit gewinnen wir nur durch die Dinge einen Freiraum, die uns einfach, dauerhaft und funktional begleiten und die nicht dem »neuesten Schrei« unterworfen sind. Achten Sie auf die Qualität und Haltbarkeit dieser Dinge – praktisch wie immateriell. Es geht nicht darum, immer mehr zu kaufen, sondern darum, immer weniger zu brauchen – damit das, was Sie haben, beseelt werden kann durch Ihre Persönlichkeit.

Suchen Sie sich unter den Dingen, die Sie bereits besitzen, jene heraus, die Sie seelisch oder gegenständlich wirklich brauchen und die Sie schön finden. Solche Dinge nennen Sie bereits jetzt ganz sicher Ihr eigen – Sie müssen sich also kein neues, bescheidenes »Ambiente« zulegen. Ordnen Sie Ihren Besitz, und sortieren Sie vieles von ihm konsequent aus. Weniger ist für Ihre wesentliche Persönlichkeit mehr, denn – wie gesagt – *die Schönheit in unserer überladenen und unorientierten Zeit kann nur das Bescheidene sein.*

Diesen Grundsatz sollten Sie auch Ihrer Raumgestaltung ganz allgemein zugrunde legen. Machen Sie zuerst einen kleinen Test, um herauszufinden, ob Ihnen überhaupt im einzelnen bewußt ist, wie Sie momentan leben. Die meisten unserer Haushalte gleichen nämlich eher einer Art unkontrollierter Ansammlung von Gegenständen.

Setzen Sie sich an irgendeinen Platz Ihres Zuhauses, und beschreiben Sie, am besten in Form einer Notiz, einen Raum Ihrer Wohnung, in dem Sie gerade nicht sitzen (wenn Sie ein Ein-Zimmer-Appartement bewohnen, dann setzen Sie sich in Ihr Bad) – und zwar präzise. Wo stehen welche Gegenstände? Wie sehen sie genau aus? Wofür haben Sie sie? Sie werden erstaunt sein, wie vieles Ihrer eigenen Behausung Ihnen gar nicht gegenwärtig ist. Ziehen Sie Ihre persönlichen Konsequenzen auch hieraus; denken Sie über eine andere, einfachere Einrichtung nach.

Ein »Denkbild« soll Ihnen hierbei helfen: Stellen Sie sich nach der Lektüre dieser Zeilen bitte mit geschlossenen Augen einen kargen und beseelten Raum vor – am besten eine Mönchszelle, sie ist das griffigste Beispiel. Denken Sie sich mit all Ihrer visuellen Vorstellungskraft hinein, malen Sie sich in Gedanken die Wände aus, den Boden, sehen Sie Tisch, Schrank und Bett vor sich und das einfache Holz, aus dem diese Möbel in einem solchen Raum üblicherweise sind. Denken Sie sich auch einzelne Utensilien des imaginären Bewohners aus.

Lassen Sie das Bild in sich etwa eine Minute lang wirken.

Was haben Sie gefühlt? Sehr wahrscheinlich verspürten Sie die Ahnung einer großen Ruhe und Kraft, die Sie zu durchströmen begann. Und mit ihr verbunden wurde der Wunsch in Ihnen entfacht, in einem solchen Raum, in dem »weltliche« Zwänge aller Art kaum Eingang finden, leben zu können. Wenn dem so ist, so sollten Sie wirklich mit der Veränderung Ihrer privaten Umgebung keinen Tag länger warten.

Durchdenken und reduzieren Sie, schaffen Sie äußere Klarheit, damit die innere in Ihnen wieder Raum finden kann. Sie werden sehen, Ihr persönliches Leben wird dadurch um einiges attraktiver – und Sie bekommen wieder Lust, es in die Hand zu nehmen, es zu leben. Die Fluchtidee in Ihnen, das Weglaufen vor einem ungeliebten Alltag, wird im selben Maß abnehmen, wie Ihr »Anker« in Ihren vier Wänden wieder an seelischem Gewicht gewinnt.

Diese seelische Erleichterung durch eine Vereinfachung Ihres Zuhauses ist in *jedem Fall* möglich – auch wenn Sie in einem aufreibenden Alltag mit Kindern leben, mit Hektik und Zwängen, die Sie glauben nicht ablegen zu können. Alles, was Sie vereinfachen, zum Bescheidenen hin verändern, kostet Sie anschließend in Ihrem Alltag auch weniger Kraft – denken Sie daran!

Ich möchte Ihnen nun einige konkrete Vorschläge machen, die einen anderen, phantasievolleren und dem Seelischen mehr Raum bietenden Alltag ermöglichen können. Sie dienen allesamt lediglich zu Ihrer Anregung: Finden Sie bitte nach der Lektüre dieser Vorschläge *Ihre eigenen*, für Sie persönlich stimmigen und anwendbaren *Ideen* zur Umgestaltung Ihres Alltags.

Wir essen zuviel; darin sind wir uns im Grunde genommen alle einig. Und in unserem Überfluß wissen wir das einzelne Lebensmittel kaum mehr zu schätzen. Niemand heißt uns – auch die Ärzte nicht –, bei jeder Mahlzeit fünf bis sieben verschiedene Lebensmittel zu uns zu nehmen. Das »Hauptessen mit mehreren Beilagen« ist nichts als eine durch Tradition und Werbung aufgedrängte, durch Tiefkühltruhe samt Mikrowellenherd ungemein erleichterte Gewohnheit. In China ernähren sich die Menschen oft wochenlang von Reis mit einem frischen Gemüse. In anderen Ländern steht nicht einmal *eine* Speise täglich zur Verfügung. Gehen Sie zurück in Ihren Ansprüchen, kochen Sie geplant bescheiden, und regen Sie andere dazu an, den Weg aus sinnloser Vielfalt wieder zurückzufinden. Essen Sie mit Andacht und freuen Sie sich darauf, wenn Sie sich einmal eine besondere Köstlichkeit erlauben. Der Mensch kann wochenlang nur mit Wasser überleben und ist noch immer er selbst, hat noch immer Liebe und Kraft in sich – machen Sie sich dies bewußt, dann fällt Ihnen die Einschränkung leichter. Ohnehin werden Sie nach kurzer Zeit schon mit größerem Wohlbefinden und schärferer Konzentration belohnt. Meist essen wir aus innerer Leere und Überdruß viel mehr, als wir wollen und als unser Körper braucht. Unterbrechen Sie diesen Kreislauf, denn Sie wissen ja nun mittlerweile schönere Dinge mit sich anzufangen, als sich vollzustopfen.

In dem Maß, wie Sie auf bescheidene, aber vollwertige

Mahlzeiten umschwenken, werden Sie immer weniger beziehungsweise kleinere elektrische Geräte brauchen. Der Elektrogeräterausch, in dem sich die Küchenarchitekten mit ihren Abfallprodukten aus der Weltraumforschung befinden, degradiert uns zu Maschinenabhängigen. Darum: Je weniger Sie davon überhaupt besitzen, desto besser ist es.

Viele andere Dinge in Ihrem Haushalt wären ebenfalls entbehrlich, zum Beispiel das Bügelbrett, sperrig und häßlich anzusehen. Legen Sie einfach ein Frotteetuch über einem sauberen Tisch aus, sofern er aus solidem Material ist, und bügeln Sie so Ihre Wäsche. Zunächst mag das Ergebnis nicht »wie aus dem Katalog« sein, aber mit der Zeit werden Sie durch Ihre Improvisation eine neue Geschicklichkeit entwickeln. Dies ist überhaupt ein erstrebenswertes Ziel: durch Improvisation vom Besitz vieler Dinge unabhängig und durch kreatives Tun immer geschickter werden. In der Beschränkung zeigt sich der Meister! Unsere Hilfsmittel haben uns nur dazu gebracht, unseren Erfindungsgeist und unsere Geschicklichkeit einzubüßen.

Ein Staubsauger ist nur vonnöten, weil wir der Vorstellungen frönen, jeder Boden müsse über und über teppichbespannt sein. Ein glatter Boden (Holz) mit wenigen, einfachen Teppichen würde Ihnen wieder ein Gerät sparen: Der Boden wäre mit Wasser reinzuhalten, die Teppiche klopfen Sie im Freien hin und wieder aus.

Und denken Sie bitte auch einmal darüber nach, warum elementare Haushaltsverrichtungen zunehmend versteckt werden, als habe man sich für Reinigung oder Pflege zu schämen. Ein Haushalt, in dem hin und wieder sichtbar trocknende Wäsche als »peinlich« empfunden wird, versucht seine grundsätzlichen Lebensbedingungen zu verstecken. Achten Sie nur darauf: Frisch gewaschene Wäsche wird vielerorts in Abstellkammern oder sonstige Trockenvorrichtungen verbannt, damit Videorecorder oder Hi-Fi-Turm, die als repräsentativer gelten, besser »wirken« können. Wenn all Ihr gegenständlicher Besitz unter der Vorgabe der klaren Bescheidenheit ausgewählt ist, wird sich auch manche Einstellung zu Ihren Haushaltstätigkeiten ändern.

Einfacher also könnte alles bei Ihnen zu Hause werden – und besser organisiert. Sie können einiges an Zeit gewinnen, wenn Sie vieles in Ihrem Haushalt reduzieren. Vielleicht müssen Sie sich nun, da einige Tätigkeiten Ihrer Haushaltsführung nicht mehr »versteckt« sind (Beispiel Wäsche oder Geschirr; hier ist die Abschaffung der Spülmaschine nachdenkenswert), eine andere Organisation zu eigen machen, als Sie es vielleicht bisher gewohnt sind, damit das ästhetische Prinzip, das Sie zu Ihrem Wohlbefinden brauchen, jederzeit gewährleistet ist.

Das heißt: Schaffen Sie sich einfache Regeln eigener Ordnung. Zum Beispiel, daß Sie nie einen Raum hinterlassen, ohne ihn wieder schön zu machen. Vielleicht möchten Sie Ihr Bad nach Benutzung säubern – mit einem zweiten Handtuch als »Nachwischtuch« in Dusche oder Waschbecken mühelos möglich – Sie ersparen sich zudem größere Scheuer- oder Putzaktionen. Bleiben Sie einfach stets in Bereitschaft, etwas Benutztes zu reinigen, zu ordnen; bald wird es Ihre Gewohnheit sein. Und: Organisieren Sie Ihre echten Putztage als Reinigungsrituale, so, wie Sie es mögen. Machen Sie sich klar, daß Sie den Tempel Ihres Alltags reinigen. Diese Erkenntnis ist wichtig. Legen Sie sich Ihre Putzsachen stets so zurecht, daß Sie gerne damit arbeiten und Sie nicht die Unlust überkommt. Suchen Sie nach Wegen für eine freudige Routine Ihrer Hausarbeit – es klingt banal, ist aber ein großes Geheimnis für Ihr Wohlbefinden. Regen Sie Ihre Mitbewohner zu einer anderen Sichtweise der täglichen Hausarbeit an. Auch hier ist »Reinigungsritual« ein wichtiges Wort. Bleiben Sie unberücksichtigt mit Ihren Vorschlägen oder Ideen, so *leben* Sie auch hier Ihre neue Einstellung vor. Vorbild und Liebe sind die größten erzieherischen Kräfte, mächtiger als Mahnungen, wenn der Vorbildgebende nicht freudlos operiert, sondern eine Überzeugung hat, die durchseelt ist. Achten Sie aber bitte darauf, daß Sie neue, »unbeliebte« Ideen nur in Ihrem eigenen Bereich vorleben – nicht Ihren Mitbewohnern das Ihrige abnehmen.

Überlegen Sie sich beziehungsweise mit den anderen auch einmal, wie Sie zurechtkommen werden, falls sich heute zwangsweise und plötzlich eine radikale Veränderung unserer Lebensgewohnheiten in Mitteleuropa ergibt. Denken Sie an den Eintritt von Stromausfall (auf Dauer), an Wasserknappheit und dergleichen. Versuchen Sie schon heute unabhängiger als bisher vom äußeren Luxus der Gegenwart zu leben. Gewöhnen Sie sich an Kerzen, an Sparsamkeit, probieren Sie phasenweise einen Arbeitsrhythmus aus, der sich am natürlichen Licht orientiert. Es kann nicht so weitergehen wie bisher. Diese Überlegungen sind durchaus sinnvoll – zuallerletzt, um Sie zu betrüben.

Kommen wir zum Schluß dieses Kapitels. Reduziert, vereinfacht und durchdacht, werden Ihnen Ihre täglichen, häuslichen Pflichten wieder Freude machen und Ihnen neue Freiräume geben. Nutzen Sie die Freiräume für sich, Ihre geistige Arbeit (siehe voranstehendes Kapitel) und auch dazu, sich besonders morgens auf jeden neuen Tag einzustimmen, indem Sie Ihren Tagesbeginn nach Ihren Vorstellungen schön gestalten. Erfinden oder entdecken Sie Ihre persönlichen Morgenrituale. Aufmerksam und bereit, alles anzunehmen und zu bewältigen, was

Ihnen der neue Tag auf den Lebensweg legt – so sollten Sie ihm begegnen. Belohnen Sie sich morgens für etwas, das Ihnen gut gelungen ist, oder für die Besonnenheit, die Sie durchgehalten haben. Frühstücken Sie in besonderer Ruhe, kleiden Sie sich schlicht, aber sorgfältig, pflegen Sie sich so, wie Sie es sich wünschen und nicht, wie es Ihnen bei Hast und Hektik noch »übrigbleibt«.

Bereiten Sie sich schon am Abend auf den nächsten Morgen vor, falls Sie schwer aufstehen.

Achten Sie an jedem neuen Tag gleich konzentriert darauf, daß Sie sich möglichst nicht erst zu fortgeschrittener Stunde wohl fühlen, sondern den ganzen Tag über. Denn nur, wenn Sie sich mit Ihrer unmittelbaren, persönlichen Umgebung *und* mit sich selbst im Einklang befinden, sind Sie geschützt vor möglichen Fluchtreaktionen. Sie kaufen oder essen nichts Unnötiges, wenn Sie sich wohl fühlen; Sie müssen nicht ständig davon träumen, »weit weg« zu sein; Sie brauchen manch anderem Drang nach entseelter Beschäftigung nicht nachzugeben, weil Sie sich in sich selbst sicher und frei fühlen. Entwickeln Sie also – ganz nach Ihren persönlichen Bedürfnissen – eine neue und *beseelte* Ästhetik Ihres Alltags, indem Sie mit sich selbst umgehen, sich selbst begegnen (siehe voriges Kapitel), Sie Ihre persönliche Umgebung bewußt gestalten und führen lernen. Indem Sie sich und Ihren Lebensort wiederfinden.

Vielleicht werden Sie zunächst eine unbequeme Zeit durchstehen müssen, jedoch werden Sie danach bestimmt glücklicher sein.

Kümmern Sie sich konsequent um sich selbst, Ihre *eigenen* Lebensbedingungen. Sie können nicht mit der ganzen Welt leben. Lernen Sie, Ihre persönlichen Aufgaben zu sehen, und gehen Sie sorgsam mit Ihrem Alltag um. Er ist eine unwiederbringliche Zeit Ihres Lebens. Und je beseelter Sie dadurch werden, desto mehr können Sie davon weitergeben. Lernen Sie so, aus sich selbst und *Ihren persönlichen* Bedingungen heraus zu leben, nicht abhängig zu sein von Darstellungszwang und äußerem Schein. Nicht Zerstreuung und Angabe ist Glück, sondern die Entdeckung Ihres individuellen, Ihres kostbaren und bescheidenen Lebens.

Die Mitteilung an andere

Wenn wir unser Sein in dieser Welt wirklich verändern wollen, muß die Arbeit an uns selbst und unserer unmittelbaren, persönlichen Umgebung erweitert werden, und zwar um die nach außen gerichtete Arbeit, *die Arbeit auf unseren Nächsten zu.* Wir müssen lernen, ehrlicher aufeinander zuzugehen. Unsere Begegnungen miteinander sollten wahrhaftiger und seelisch verbindlicher sein, als sie es heute sind. Da die Sprache unser vornehmstes Verständigungsmittel ist, müssen wir uns dazu entschließen, sie überall dort zu korrigieren, wo sie unseren individuellen Willen zur Wahrheit nicht ausdrückt, wo sie keine wirkliche Mitteilung an andere in sich trägt. Wir müssen eine umsetzbare Art des Miteinanderredens finden, bei der wir unser Gegenüber erkennen können und die unser Gegenüber in die Lage versetzt, unsere persönliche Wahrheit zu verstehen.

Mittels einer unmaskierten und direkten Sprache können wir beginnen, unsere Abgegrenztheit zu überwinden und zum anderen durchzudringen. Das Gegenteil der großen Abgrenzung (siehe Kapitel »Kreuzwege« ab Seite 143) wäre die Verbindung zu unserem persönlichen Auftrag hier auf Erden und zu unseren Schicksalsgefährten, wiederhergestellt durch gelebte Wahrheit und empfundene Wesentlichkeit. Daß ehrliche Worte Ihnen selbst eine notwendige Hilfe sind, haben Sie vielleicht schon bei Ihren Notizen zu Ihrem Wesentlichkeitsbegriff bewußt erlebt. In unserer Verbindung zu anderen können sie feste Brücken sein, die uns tragen.

Wo wir heute unverstellt sprechen, wo wir mit wahrhaftigen Worten wirklich aufeinander zugehen, da fühlen wir uns frei und sicher. Ein offenes, ungeschütztes Gespräch hinterläßt in unseren Seelen eine Wärme, von der wir noch lange zehren. Solche Wärmeerfahrungen aber sind selten. In diesem Kapitel wird es um Möglichkeiten gehen, wie wir uns im täglichen, oft allzu schnellen Miteinander diese Wärme durch Echtheit der Worte geben und zu einer täglichen Erfahrung machen können. Dieses Kapitel handelt auch ein bißchen davon, wie Sie ein neues Selbstwertgefühl durch die Kostbarkeit Ihrer eigenen Worte erfahren können – aber das werden Sie erst beim Umsetzen seiner Vorschläge im Alltag feststellen.

Wir alle sind Menschen mit Sorgen und Nöten, mit Sehnsüchten und Ängsten; wir alle, ich wiederhole es hier bewußt, möchten tiefe und schöne Gefühle erleben, wir möchten gebraucht werden und etwas Sinnvolles tun. Wir alle haben Angst davor, daß uns ein Gesprächspartner weh tun könnte, und wir wissen nicht, ob wir ihm vertrauen dürfen. Wir Menschen der Jetztzeit leiden alle unter demselben: Wir wollen in unserer persönlichen Wahrheit erkannt werden, aber wir zeigen sie nicht, sondern verbergen sie unentwegt, weil eben die Angst uns dirigiert. Wir wollen eigentlich so sein und so angenommen werden, wie wir sind, aber wir wagen es nicht, uns preiszugeben. Wie soll da der andere unsere Wahrheit kennen? Uns verstehen?

Durchbrechen wir die Angst voreinander, tun wir den ersten Schritt, damit wir gesehen werden können! Und dadurch fangen wir selbst an zu sehen, wenn wir mit einem anderen sprechen. Eine Alternative dazu, daß wir selbst beginnen, gibt es nicht – der Kreislauf der leeren Worte muß von einer Seite entschieden unterbrochen werden. Sonst bluten wir in seiner Leere aus, jeden Tag ein bißchen mehr, und warten noch am letzten Tag unseres Lebens auf eine bessere, menschlichere Art, miteinander zu reden – auf unsere Brücke zur liebenden Gemeinschaft.

Bevor wir nun zu den praktischen Ratschlägen zum Thema Sprache kommen, möchte ich Sie bitten, das Angesprochene erst selbst zu durchdenken und sich die Ergebnisse Ihrer Reflexion bei der weiteren Lektüre immer wieder zu vergegenwärtigen.

Grundsätzlich also gilt: Ihr privater Gesprächspartner ist ein Schicksalsgefährte, er will geliebt werden. Er möchte die Wahrheit höhen und, auch wenn es vielleicht nicht den Anschein hat, die Wahrheit ungeschützt sagen dürfen. Bieten Sie ihm dazu die Gelegenheit, damit er sie seinerseits zurück- oder weitergeben kann.

Für das Gespräch im Berufsalltag gilt das gleiche: Ein Kunde ist in erster Linie ein Mensch mit Sorgen und Hoffnungen. Verschaffen Sie ihm – und damit sich selbst – die Chance zu einem ehrlichen und den anderen annehmenden Austausch. Auch wenn Sie mit einem Kunden über Seife sprechen, können Sie ihn wahrnehmen und auf ihn persönlich mit echten Worten reagieren, was immer *er* sagt. Sie sind vielleicht zum Verkauf eines Produktes angehalten, zur Unechtheit aber noch lange nicht. Wenn Sie im anderen den Schicksalsgefährten in *seiner* persönlichen Art sehen können, werden Sie von selbst freundlich sein. Leiser vielleicht und etwas weniger wortreich – dafür echter und gleichzeitig kraftsparender. Das Echte ist das Einfachere. Es ist eine Sache des Wissens und der Übung im Umgang mit dieser Art der Ehrlichkeit.

Wie aber *erkennen* wir einen in seiner Wahrheit, wenn er uns durch seine Worte keinerlei Anhaltspunkte mehr geben kann? Wie setzen wir selbst den richtigen Anfang? Wie erreichen wir, daß die Rückbesinnung auf die ehrliche Art, miteinander zu sprechen, eines Tages so viele Freunde gefunden hat, daß sie zur Selbstverständlichkeit wird? Was tun wir, wenn unser Gegenüber hinter einer

Wortmauer aus Floskeln und verbalen Ablenkungsmanövern regelrecht verschwindet?

Wir müssen zunächst ein Auge auf das haben, was uns nonverbal mitgeteilt wird. Nicht, um den anderen auf geschäftlicher Ebene besser »taxieren« zu können, sondern um ihm durch die aufmerksame Wahrnehmung seiner Person eine Art *Heimat* zu signalisieren: Ich sehe, verstehe dich, ich nehme dich an. So wird er sehr bald die Worte finden können, die er momentan verschweigt, die wahren also.

Lesen wir »zwischen den Worten« – und zwar in den Augen. Mögen die Worte den Sprechenden verleugnen – seine Augen können es nicht. Im Wie der Augen finden wir, was das Was der Worte uns verschweigt. »Die Augen sind der Spiegel der Seele«, so lautet eine alte Weisheit – und sie ist wahr.

Genauso wahr ist, daß in jedem von uns das Echte und die Wahrheit des Wesentlichen angelegt ist. Wir brauchen also keine Spezialisten zu sein, keine Psychologen oder Physiognomiker, um in den Augen eines anderen lesen zu können. Wir verfügen über ein intuitives Wissen, das uns beim Blick in die Augen eines anderen spontan etwas sagt. Wir brauchen dieses Wissen nur zuzulassen. Wir sehen genau, wenn Augen lügen, wenn sie erschöpft sind, verzweifelt. Wir sehen, ob sie die gesagten Worte unterstreichen oder ihnen kraß widersprechen. Wir müssen nur üben, genau hinzusehen und dabei so entspannt zu sein, daß wir unser Wissen durch inneren Druck nicht »wegscheuchen«. Wir müssen unserem Blick für Augen vertrauen lernen.

Wenn Sie also nun zum Beispiel mit einem inflationären Wortschwall Ihres Gegenübers konfrontiert sind, der für Ihr Gefühl unwahr ist, dann richten Sie Ihre besondere Aufmerksamkeit auf das, was der Blick des Sprechenden

Ihnen preisgibt. Vergleichen Sie den Blick mit dem Gesagten, und greifen Sie dann gegebenenfalls ein – und zwar gezielt. Nehmen wir das Beispiel der Frau im Café aus dem Kapitel »Die leeren Worte« (Seite 50): Ihre Augen waren vermutlich ein wenig gehetzt, wie durch das Aufzählen der Vorzüge des »spitze Wochenendes« weiter und immer weiter gejagt – und in ihrer Tiefe erschöpft. Die richtige Frage der gegenübersitzenden Bekannten also wäre vielleicht gewesen: »Waren denn die anderen auch nett zu dir?« oder: »Wie hast du dich dann wirklich gefühlt?«

Beobachten Sie einen Sprechenden genau, lassen Sie seine Augen auf sich wirken, und suchen Sie dann – immer vorausgesetzt, Sie empfinden die Worte des anderen als leer – die Frage, die Ihnen der Blick des anderen nahelegt. Stellen Sie sie einfach. Und versuchen Sie so, das Gespräch auf den Boden der Tatsachen zu bringen. Der Boden der Tatsachen eines Gespräches ist die unvergiftete Erde, die Sie bereithalten, damit das Pflänzlein des anderen darin gedeihen kann. Das Ziel aller Gespräche miteinander ist ein blühender Garten in jedem.

Die nonverbale Mitteilung des anderen wird natürlich auch durch Körperhaltung, Gestik, Mimik und durch die Stimme eines Sprechenden übertragen. Allerdings können diese »Transportmittel« Ihnen im Zeitalter der Körpersprache-Workshops und Manager-Ausdrucksseminare nicht immer die unverfälschte Wahrheit garantieren. Denn in der »höheren Schule der Tarnung« wird sogar die bewußte Veränderung der Stimme und ihres Klangs eingeübt – so schwierig das auch zu bewerkstelligen ist. Doch den Augenausdruck – nicht ihre Bewegungen! – zu manipulieren, gelingt hingegen selbst den besten Berufsschauspielern fast nie – obwohl sie sich in eine bestimmte Situation, die sie zeigen möchten, regelrecht hineinleben.

Der Ausdruck der Augen ist unser verläßlichster nonverbaler Hinweis über die innere Verfassung eines Gesprächspartners.

Dies als kleine Hilfe vorweg, um den Anfang der Sprachumwandlung in einer Welt aus hohlen Worten zu wagen – als ein Mensch, der inhaltlich und wahrhaftig kommunizieren will. Die größere Hilfe mögen Ihnen dabei vielleicht die folgenden grundlegenden Verhaltensratschläge sein, die ich Ihnen für Ihren persönlichen Umgang mit Sprache zur Verfügung stellen möchte.

Immer sind Sie es selbst, der spricht, ob am Arbeitsplatz oder im Privatleben. Kein anderer sagt die Worte, die aus Ihrem Munde kommen, nur Sie selbst. Es zwingt Sie niemand direkt, etwas Bestimmtes zu sagen. Sie sind also für jedes einzelne Ihrer Worte selbst verantwortlich. Ihre Seele trennt nicht zwischen Arbeitsplatzworten und Privatworten. Ihr Schmerz unterscheidet nicht zwischen Schmerz durch Arbeitsplatzworte und Schmerz durch Privatworte. Worte können weh tun. Unwahrhaftige Worte sind unwahrhaftig, ganz gleich, in welchem Umfeld sie gesagt worden sind. Jeder muß für seine eigenen Worte einstehen. Wenn nicht jetzt, dann später. Denken Sie daran – und vergessen Sie es auch beim Sprechen nicht.

Vermeiden Sie prinzipiell rein formelle Fragen. Fragen Sie nur nach etwas, das Sie wirklich wissen wollen. Bevor Sie einen anderen fragen, wie es ihm geht oder wie das Wetter bei ihm ist, fragen Sie sich selbst: Muß ich das wissen – und wenn ja, warum? Um eingangs einer Begegnung oder eines Telefongesprächs Freundlichkeit und Bereitschaft zu signalisieren, genügt ein entgegenkommender Gruß, dazu ist er da. Denken Sie nach, mit welchem Gruß Sie auf einen anderen zugehen möchten. »Ich grüße Sie, Herr Sowieso!« oder »Guten Tag« – das sind neutrale Gesprächseröffnungen. »Grüß Gott!« *kann* den persönlichen Wunsch ausdrücken, der andere möge vor Beginn des Gesprächs des Wesentlichen eingedenk sein. Die Überempfindlichkeit, mit der gegenwärtig vielerorts auf diesen Gruß reagiert wird, lohnt einen längeren Moment des Nachdenkens.

Antworten Sie auf jede Ihnen gestellte Frage – auch oder *gerade* dann, wenn sie Ihnen rein formell erscheint. Nicht blitzschnell und aus purer Gewohnheit, sondern nehmen Sie die Frage wahr, denken Sie über sie nach, und antworten Sie entsprechend Ihren Gedanken. Wo Sie zeitlich damit überfordert sind, eine wahrhaftige Antwort zu geben, sagen Sie ruhig: »Das kann ich so schnell nicht beantworten.«

Sie werden sofort bemerken, wie sich bei einer ehrlichen Antwort Ihr Tonfall verändert. Bei einer ehrlichen Antwort hören Sie den *wahren Klang* Ihrer Stimme. Dieser wahre Klang, der echte Ton, ist wichtig, um das Echte im anderen anzusprechen. Sie werden sofort spüren, daß Ihnen das gelingt, wenn Sie den Anfang wagen. Prägen Sie sich zur Beantwortung von Fragen dieses einfache Schema ein: Wahrnehmung – Reflexion – Antwort. Stehen Sie jeder Frage, sofern es Ihnen irgend möglich ist, antwortbereit und offen gegenüber, bereit, eine präzise Antwort zu geben, die den Tatsachen entspricht und die Sie zu erkennen gibt. Wo Sie sich nicht zeigen möchten, sagen Sie es einfach: »Darüber möchte ich nicht reden.«

Suchen Sie stets die richtigen Worte. Sie nicht »parat« zu haben und Pausen entstehen zu lassen, ist keine Schande. Im Gegenteil, es ist eine Auszeichnung Ihrer Bemühung um Ehrlichkeit. Sie sind kein Fernseh- oder Radiomoderator, der jede Sekunde Stille zu vermeiden hat.

Streben Sie überhaupt an, Ihre eigene Sprechweise immer mehr herauszufinden. Bilden Sie die Sätze so, wie es

Ihnen persönlich entspricht und vermeiden Sie Schlagworte, Floskeln und alle Arten von sonstigen »Worthülsen«.

Werden Sie in ein gehässiges Gespräch über Dritte einbezogen, so korrigieren Sie das Gesagte, oder brechen Sie es ab. Als Zeuge böser Worte sind Sie mitverantwortlich für deren Auswirkungen. Die Wurzel der Klatschsucht ist die Ablenkung des Klatschenden von sich selbst! Im tiefsten Inneren will niemand wirklich böse reden. Bringen Sie klar zum Ausdruck, daß Sie diese Aussagen so nicht wissen wollen.

Sagen Sie selbst nur das, was Sie möchten und mit dem Sie jederzeit wieder konfrontiert werden könnten. Sich auf Verschwiegenheit zu verlassen ist weder verantwortungsbewußt noch besonders intelligent. Jeder erzählt jedem alles, aus Not und um von sich selbst anzulenken. Das braucht Sie aber nicht weiter zu belasten, wenn Sie grundsätzlich nichts sagen, wofür Sie nicht jederzeit und vor jedem geradestehen können. Ohnehin ist dies der einzig richtige Weg – leben Sie ihn vor.

Leisten Sie es sich, verschwiegen zu sein, wo immer es Ihnen angebracht scheint. Sie haben es nicht nötig, besonders nach all Ihren Gedanken, von sich selbst abzulenken. Auch für die Verbreitung von Vertrauenswürdigkeit zählen das Vorbild und Liebe.

Hören Sie stets genau zu, wenn Ihnen etwas mitgeteilt wird. Bemühen Sie sich, es im Gedächtnis zu behalten, mitzudenken, den Sprechenden in Gedanken zu begleiten. Führen Sie ein Gespräch beharrlich zu seiner Echtheit zurück, wenn es abzurutschen beginnt. Unterbrechen Sie, und fragen Sie nach der Wahrheit. Da Sie sie wirklich wissen wollen, auch um besser mit Ihren Schicksalsgefährten zurechtzukommen, wird Ihnen niemand Ihre Fragen übelnehmen.

Versprechen Sie nie etwas, das Sie nicht halten können, wie belanglos es auch sei. Ihre Worte sollen Gewicht haben. Ihre Mitteilung an andere muß *verbindlich* sein.

Benutzen Sie nie eine Ausrede. Sagen Sie, was Sie meinen, und wo Sie das nicht möchten, genügt ein »Das möchte ich nicht sagen«. Wer wollte Ihnen das verargen?

Ihre Mitteilung an andere ist Ihr Geschenk an andere. Die Worte sind Ihr Schatz. Wägen Sie sie ab. Untersuchen Sie sie. Spüren Sie Wortbedeutungen nach. Versuchen Sie, mit Worten bedingungslos ehrlich sich selbst und anderen gegenüber zu sein. Das ist schwer am Anfang. Aber auch hier wird das sich schon bald einstellende Ergebnis Ihrer Seele wohltun. Durch die Wahrheit Ihrer Worte wird es Ihnen bessergehen. Es wird eine Zeitlang dauern, aber Sie werden durch Ihren Einsatz viele Menschen Ihrer Umgebung dazu animieren, es Ihnen gleichzutun.

Ein Prinzip, das ich schon andeutete und auf das ich später noch einmal in grundsätzlicher Betrachtung zurückkommen werde, ist am Anfang einer jeden Veränderung generell wichtig: Agieren Sie, und reagieren Sie sowenig wie möglich. Machen Sie etwas besser, als es ist – anstatt es zu bekämpfen. Leben Sie ein anderes Leben vor.

Besonders Kinder brauchen unser liebendes Vorbild zur Orientierung bei ihrer Sprachfindung. Kleinere Kinder haben durch uns die Chance, *von Anfang an* eine wahrhaftige, gültige Sprache anzunehmen. Und größere Kinder lernen immer noch leichter um als ein Erwachsener. Denken Sie also an diese besondere Verantwortung, wenn Sie mit Kindern sprechen. Leben Sie ihnen eine inhaltsreiche Sprache vor. Beobachten Sie auch hier den Augenausdruck des kleinen Schicksalsgefährten im Vergleich zu seinen Worten, und bleiben Sie bei Ihrer offenen Sprechweise, wenn sich ein Kind bereits rein formell oder in sinnentleerter Sprachaufblähung (»voll schön«) ausdrückt. Stehen Sie mit echt gemeinten Worten und gültigen Versprechen zur Verfügung.

Auch Geschriebenes ist eine Mitteilung an andere, eben eine schriftliche und keinesfalls weniger wichtig als Gesprochenes. Für den Geschäftsbrief sind Sie genauso verantwortlich wie für Ihren Liebesbrief oder die Postkarte aus dem Urlaub. Ihre kostbaren Worte sind sogar jederzeit nachlesbar. Überlegen Sie sich, ob Sie in Ihrer Korrespondenz wirklich »freundlich grüßen« wollen oder sich treffender »Mit einem Gruß« verabschieden. Bitte setzen Sie in Ihrem Sinne diese Gedanken fort, und haben Sie den Mut, auch mit Ihren schriftlichen Mitteilungen neue Sprachwege zu gehen, wenn Sie es für angebracht halten.

Wo Sie sich mit wahren Worten ausdrücken, demaskieren Sie sich, zeigen Sie sich, rüsten Sie ab. Durch Ihre Offenheit werden Sie schon bald die Wärme Ihrer Mitmenschen spüren; denn auch der andere traut sich langsam abzurüsten, wenn Sie es tun. Unterlaufen wir die Wortinflation mit Ehrlichkeit, und schließen wir Frieden.

Wir sollten durch Worte lernen, einander in die Herzen zu sehen. Nicht, um uns »aufzubrechen«, sondern um uns besser *wahrnehmen* zu können. Denn nur, wenn wir uns sehen, uns erkennen und annehmen, werden wir uns lieben und einander vertrauen können. Dafür ist uns die Sprache gegeben und nicht für Wortgewalt und Hohlgeschwätz.

Versuchen Sie, in jedes Gespräch die Liebe und Aufmerksamkeit hineinzulegen, die Sie selbst spüren möchten, um sich wohl zu fühlen. Bleiben Sie aber immer selbst dabei. Wo wir ehrlich zueinander sind, setzt sich das seelische Verständnis füreinander fort. Und wo wir uns seelisch verständigen können, ist das Wesentliche in unserer Mitte.

Das sinnvolle Tun

Als im vorangegangenen Kapitel von Gesprächen oder Korrespondenz im Berufsleben die Rede war, mögen sich die folgenden Gedanken vielleicht schon aufgedrängt haben. Durch unseren Beruf, ob wir das wollen oder nicht, sind wir sehr oft dazu gezwungen, uns selbst zu verleugnen, uns zu »verbiegen«, und wir sehen uns häufig auch nicht in der Lage, uns im Arbeitsalltag wirklich mitzuteilen. Wir verdienen meist hinter Masken unser Geld. Unser Beruf, so scheint es zumindest auf den ersten Blick, zwingt uns viele Stunden täglich ein Leben auf, das wir so aus freien Stücken niemals führen würden. Die Sehnsucht nach ehrlichem und wesentlichem Einsatz in diesem Lebensbereich haben wir vielfach schon aufgegeben. Resigniert unterwerfen wir uns den entselbstenden »Sachzwängen« einer Erwerbstätigkeit, die uns unveränderbar scheint. Durch unser eigenes berufliches Zutun sind wir unversehens Teil einer expansiven Gesamtentwicklung geworden, die uns heute unheimlich ist. Wir haben auf uns, auf unsere Seelen, nicht aufgepaßt; inzwischen leiden wir oft unter dem selbstauferlegten Druck, »dabeisein«, »mitmachen«, »mehr bringen« zu müssen. Hilflos erschlagen wir dann mit Ersatzhandlungen unsere Depressionen, die aus der Verdrängung unseres wahren Wissens entstanden sind. Muß das alles so sein? Muß der Beruf uns quasi halbieren – in eine Hälfte Mensch, die die Wahrheit ahnt und verbirgt, und eine andere Hälfte, die zwecks Geldbeschaffung die ureigensten Gefühle bereits abgetötet hat, um »besser zu funktionieren«? Müssen wir unser wahres Selbst wirklich so knechten – nur um unsere Verdrängungsmechanismen zu finanzieren, die wiederum stetig neues Geldverdienen nötig machen?

Zunächst müssen wir uns angesichts unserer Unzufriedenheit fragen, ob es wirklich unsere Erwerbstätigkeit ist, die uns zwingt, unser Selbst zu verleugnen. Sind es nicht vielmehr wir selbst, die keine wesentliche Einstellung zu unserem Tun finden? Welche Überlegungen haben wir denn *vor* dem Ergreifen unseres jetzigen Berufs angestellt?

Im Kapitel »Die Attraktivität des eigenen Lebens« wurden Sie von mir gebeten, einmal grundlegend über Geld als solches nachzudenken. Das Ergebnis Ihrer persönlichen Gedanken zu diesem Thema sollten Sie sich jetzt, ehe Sie hier weiterlesen, in Ihr Gedächtnis rufen. Sie werden dadurch das Folgende über Ihren Beruf grundsätzlich und Ihre individuellen Möglichkeiten im einzelnen besser umsetzen können.

Ich gehe davon aus, daß Sie mehr oder weniger zu dem Schluß gekommen sind, daß Geld als solches absolut nichtig, tot, ist, daß Sie es aber als Mittel benötigen, um Ihre Existenz zu sichern und sich Ihre materiellen Wünsche zu erfüllen. Ihre Ansprüche in beiden Teilbereichen könnten sich bereits durch Ihre bisherigen Gedanken zu diesem Buch verändert, also drastisch reduziert haben, im Sinne des Wesentlichen. Das wäre schon ein Stück Freiheit für Sie, denn je weniger Zahlungsmittel Sie heranschaffen müssen, desto freier kann im momentan vorherrschenden System der Geldwirtschaft Ihre Einstellung zum »Geldverdienen« sein, und desto menschlicher, wesentlicher können Sie Ihre Erwerbstätigkeit sehen und ausüben. Es ist im Grunde genommen simpel: Weil wir viel zuviel zu brauchen meinen, verdingen wir uns in einer seelisch oft sehr gefährlichen Art und Weise, nur um unnötig hohe Geldsummen zur Verfügung zu haben.

Wenn wir jedoch das Wesentliche in den Mittelpunkt

unserer Orientierung stellen, so ergibt sich auch eine veränderte Betrachtung unserer Arbeitswelt. Denn wir spüren, daß wir keineswegs um jeden Preis unserem Beruf, so wie er ist, gerecht werden müssen, sondern daß wir unsere Arbeit und ihre Ausübung eingedenk des Wesentlichen gestalten können. Augenblicklich erschöpft sich die Bemühung um menschlichere Arbeitsplätze in Äußerlichkeiten wie Arbeitszeit, Arbeitsplatzgestaltung, sozialen Einrichtungen und betriebspsychologischer Mitarbeiterführung – um letztlich von weit größeren Mankos abzulenken und um für eine Minderheit noch größeren Profit zu ermöglichen.

Diese Strukturen ändern wir nur, wenn *wir* uns selbst ändern. Und zwar ist es die Idee, die wir hinter unseren Berufsangelegenheiten neu entdecken und gestalten müssen. Wenn wir unsere momentane Erwerbstätigkeit durchdenken und sie in ihrem Kern begreifen, können wir unsere Haltung zu ihr wählen und sie entsprechend vertreten. Finden Sie *Ihren* persönlichen Auftrag in *Ihrer* Arbeit, die schließlich viel Zeit in Ihrem Leben beansprucht. *Entscheiden* Sie sich für Ihre Berufstätigkeit – oder dagegen.

Dazu seien Ihnen zunächst verschiedene Fragen als Hilfe angeboten. Bitte suchen Sie nach Ihren persönlichen Antworten dazu, ganz für sich allein.

- Wieviel brauchen Sie monatlich beziehungsweise jährlich an finanzieller Grundlage wirklich – unter Einbeziehung all Ihrer Gedanken aufgrund dieses Buches?
- Was verdienen Sie im Gegensatz dazu tatsächlich? Mehr? Viel mehr?
- Warum haben Sie den Beruf ergriffen, den Sie ausüben?
- Worin besteht Ihre berufliche Tätigkeit?

- Was könnte der Sinn Ihres Berufs für Sie selbst sein? Und was ist er für die Schicksalsgemeinschaft, in der Sie leben?

Nach Ihren bisherigen Überlegungen zum Thema Wesentlichkeit:

- Ist Ihr Beruf demnach vertretbar?
- Lieben Sie Ihren Beruf? Warum? Beziehungsweise: warum nicht?
- Haben Sie in Ihrer momentanen Erwerbstätigkeit das Gefühl, Sie erfüllen Ihren persönlichen Auftrag hier auf Erden (partiell, denn Sie leben ja auch viele Stunden täglich, ohne Geld zu verdienen)?

Wenn Sie diese letzte Kernfrage aus ideeller Sicht heraus klar mit einer positiven Antwort bescheiden konnten, so gehören Sie zu dem sehr kleinen Teil der Bevölkerung, der *seinen* Platz im Beruf gefunden hat. Der weitere Gedankenverlauf in diesem Kapitel ist somit für Sie nur noch theoretisch interessant, es sei denn, Sie finden einige Anregungen zur Nachbesserung.

Können Sie aber in Ihrer Erwerbstätigkeit, so wie Sie sie momentan ausüben, *keinen* persönlichen Auftrag erkennen, so bringen Sie bitte die innere Bereitschaft auf, Ihr berufliches Tun durch Arbeit an sich selbst so zu verändern, daß es Ihren wahren Wünschen und Ihrem Lebensweg auf Erden gerecht werden kann.

Lesen Sie zu diesem Zweck die eben genannten Fragen noch einmal nach, um sie sich in aller Ruhe – unbeobachtet und unbeeinflußt von einem anderen Menschen – wirklich zu *beantworten*. Nur zu gerne überfliegen wir Unbequemes viel zu rasch.

Der persönliche Auftrag, den jeder Mensch hier auf Erden zu erfüllen hat, durchdringt unser gesamtes Sein und weist weit über berufliche Belange hinaus, beziehungsweise beinhaltet sie manchmal überhaupt nicht. Ich komme im übernächsten Kapitel und am Schluß des Buches noch einmal ausführlich darauf zurück. Aber zuerst sollten wir uns noch mehr über unsere Erwerbstätigkeiten klarwerden, denn all unsere konkreten Lebensumstände wirken direkt in unseren Lebenssinn und seine Erfüllung hinein.

Keiner von uns ist zufällig hier; es gibt keine Zufälle. So ist auch in Ihrer bezahlten Tätigkeit ohne Zweifel ein Sinn enthalten. Vielleicht einfach der, daß Sie Ihren bisherigen Weg erkennen und verändern müssen. Er könnte aber auch in Ihrem Tun beinhaltet sein, von Ihnen zur Stunde nur noch nicht erkannt. – Worin also liegt der elementare Sinn Ihrer beruflichen Tätigkeit?

Mit der rein materiell ausgerichteten Entwicklung unserer Gesellschaft etablierte sich mehr und mehr eine neue Wertigkeit von Berufen: Im Lauf der Jahre wurden die »umständlichen« handwerklichen und »uneffektiven« geistigen Beschäftigungen als minderwertig angesehen. Als erstrebenswert gelten alle Arten von sachbezogenen und sachlich-abstrakten Berufen in Administration, Wirtschaft und Finanzwesen.

Dieser rein materiell orientierte Ausbau der Arbeitswelt hatte zur Folge, daß die Menschen sich in ihrer Erwerbstätigkeit immer weiter von ihren wahren Sehnsüchten, ihren eigenen Herzen entfernten. Wer am meisten davon abrückte, bekam das meiste Geld zugesprochen. Hohe Gehälter sind auch heute noch die »Fangprämie« für den Verkauf der Seele. Die Krankenschwester bleibt unterbezahlt; der Manager weiß nicht, wohin mit seinem Geld. Etwas ist ganz grundsätzlich falsch gelaufen. Der Preis dafür ist unter anderem die heutige Berufswelt mit all ihren Depressionen und Repressalien.

Der Weg muß uns zurückführen, jeden einzelnen von uns. Wir leben momentan für unsere Ablenkungen und unseren Kontostand – Dinge, die irrelevant werden, wenn wir durch das große, dunkle Tor des Todes in die nächste Dimension treten. Nur unsere Seele wird dann noch bei uns sein. Wir strampeln in den »Sachzwängen« unserer Geschäftswelt, aus Angst, sonst »unterzugehen«. Die Wahrheit aber ist – und wir wissen sie im Grunde genau: Wir ersticken in der Form der Zivilisation, die wir uns selbst geschaffen haben. Eine neue Innerlichkeit, Bescheidenheit, ist für uns alle vonnöten. Sie bedeutet keine Einbuße an Lebensgefühl sondern einen wirklichen Zugewinn; kein Leben in freudloser Askese, sondern eine Vereinfachung zum Wohle von seelischer Beruhigung und innerem Reichtum. Weniger ist mehr – und der Beginn einer geistigeren, zukunftsträchtigen Welt. Innerhalb all dieser Überlegungen wird eine neue Sicht unserer Berufe unerläßlich. Ihre persönliche Moral ist jetzt gefragt.

Denken Sie bitte genau über Ihre Erwerbstätigkeit nach. Führt der Beruf, den Sie momentan ausüben, zum Wesentlichen hin oder davon weg? In der Beschreibung vieler Mißstände in unserer Gesellschaft waren Sie mit mir einig – nun ist es wichtig, daß Sie vor sich selbst Farbe bekennen. Inwieweit sind Sie schon allein durch Ihren Beruf oder die Art seiner Ausübung aktiv an unserer momentanen Misere beteiligt? Und noch viel wichtiger: Ziehen Sie, soweit Sie es persönlich verkraften, Ihre Konsequenzen.

Als besonders krasse Beispiele ließen sich Berufstätigkeiten in der Rüstungsindustrie oder in der Atomwirtschaft nennen. Aber Sie sollten auch Ihre Verantwortung für vergleichsweise harmloser erscheinende »Gewerbe« erkennen .Vielleicht arbeiten Sie in einem Betrieb der seelenlosen Zerstreuungsindustrie und helfen darin bei der Verbreitung von Pornographie, Gewaltverherrlichung oder faulen Tricks zum Schaden anderer mit? Verdienen Sie womöglich Ihr Geld mit jener »Cleverneß«, die Sie Ihr überlegenes Wissen in Finanzdingen zum eigenen Vorteil und zum Nachteil anderer Menschen einsetzen läßt?

Fragen Sie sich selbst, ob Ihr berufliches und privates Tun und Treiben sich nicht zum Schaden anderer und aller auswirken – und beginnen Sie, mit kleinen Schritten etwas zu bessern: Auch die Umwelt ist ein Thema, das Sie in die Überlegungen zu Ihrer Erwerbstätigkeit einbeziehen müssen. Gehen Sie in Ihrem Beruf rücksichtsvoll mit der Natur, den Tieren und Menschen um? Schonen Sie bewußt natürliche Ressourcen – denken Sie darüber nach, was Ihre Firma in die Luft bläst, in den Müll wirft oder dem Wasser »anvertraut«? Nur zum Beispiel. Entscheiden Sie sich für eigene, kleine Konsequenzen in Ihrem Bereich – auch wenn sie unbequem sind!

Über die kleinen – bewußten – Schritte werden Sie leichter zu den größeren Konsequenzen in Ihrem Leben finden. Sofern Ihnen etwas an der Veränderung der momentanen Zustände liegt, müssen Sie Ihre persönlichen Konsequenzen ziehen. Das mag hart klingen, doch eine Alternative gibt es nicht.

Eine große Konsequenz könnte sein, daß Sie – nachdem Sie schon länger leiden und es nur noch dieses Anstoßes bedurfte – Ihren Beruf wechseln. Das tun viele Menschen, die aufgewacht sind – und es geht ihnen anschließend besser als vorher. In unserer starren Gesellschaft wird jedoch die Anregung zum Berufswechsel noch einem unsittlichen Antrag gleichgestellt. Doch nur, wenn wir zu Veränderungen inklusive größerer oder kleinerer Einbußen bereit sind, können wir die momentane Bewertung der Berufe wieder umdrehen, zurechtrücken, ihnen wieder Sinn geben. In den Berufen, die dem Menschen und seiner Entwicklung des Wesentlichen Raum geben, herrscht ein eklatanter Mangel an Einsteigewilligen: Im Handwerk, in den Pflegeberufen, in den geistig orientierten Berufen. Und dies alles, weil das Selbstverständnis eines Berufsausübenden meist vom bezahlten Gehalt abhängig ist und nicht von der Tätigkeit, die er ausübt. Bitte vergegenwärtigen Sie sich diesen sehr wichtigen Gedanken immer wieder. Ein Krankenpfleger oder ein Restaurator verdient größeren Respekt, als er zum Beispiel einem Immobilienmakler von vornherein entgegengebracht wird.

Leider jagen die meisten von uns dieser völlig verkehrten Berufshierarchie *nur so hinterher*. Lassen Sie uns einen Neubeginn wagen, was das Ansehen von Berufen anbelangt: indem wir uns die Bewertung durch Geld wegdenken – und nur anschauen, was dann von einer Tätigkeit übrigbleibt.

Erscheint Ihnen der Schritt eines Berufswechsels im Sinne Ihres Wesentlichkeitsbegriffs verkehrt oder augenblicklich noch zu gewagt, so denken Sie über die *Veränderungsmöglichkeiten* in Ihrer Erwerbstätigkeit nach. Versuchen Sie, soweit wie es Ihnen möglich ist, Ihr Tun zu *beseelen* – immer vorausgesetzt, daß Sie nicht schon längst dabei sind. Wenn Ihre »Aufgabe« eventuell allein darin besteht, die Existenz Ihrer Tätigkeit zu rechtfertigen (wie das zum Beispiel in manchen administrativen Tätigkeiten der Fall ist), stellen Sie die Überlegung an, wo in Ihrem Berufsfeld ein sinnvoller Einsatz gebraucht werden könnte. Wagen Sie es auch, mit neuen Vorschlägen zu Ihren Vorgesetzten zu gehen oder sie für sich selbst zu verwirklichen. Seien Sie kritisch und unbequem mit sich selbst bei der Sinnprüfung Ihrer Arbeit und phantasievoll beim Erschließen neuer Möglichkeiten. Sogar die Struktur einer Verwaltung, um beim Beispiel zu bleiben, wird ausschließlich von Menschen gemacht (auch wenn man bisher oft nicht diesen Eindruck hat).

Der sinnvolle Einsatz in Ihrer persönlichen Berufstätigkeit liegt nicht nur im Was, sondern ebenso im *Wie* der Ausübung. Dabei ist Ihnen alles, was Sie bisher aufgrund dieses Buches für sich durchdacht haben, beim Thema Beruf hilfreich. Wenden Sie es der Reihe nach in Ihrem Berufsalltag an: Wo immer Sie können, stellen Sie Lärmquellen und Fremdbestimmung an Ihrem Arbeitsplatz ab (überflüssig laufende Geräte, Musikberieselung und so weiter). Konzentrieren Sie sich auf Ihre Tätigkeit. Trauen Sie der Stille in Ihnen, Ihren Gedanken, während Sie arbeiten. Konzentrieren Sie sich nur auf das, was Sie tun. Wenn das ohne »Berieselung« nicht zu funktionieren scheint, so fragen Sie sich, woran das liegt, und werten Sie Ihr Unbehagen als ein wichtiges Indiz für eine notwendige Veränderung.

Versuchen Sie, Ihre persönlichen Überlegungen zu Ihrem Wesentlichkeitsbegriff in Ihren Beruf mit einzubeziehen. Sehen Sie ihn als Teil Ihres Beitrags zu Ihrem Lebenswerk in der Schicksalsgemeinschaft Mensch.

Entdecken Sie auch an Ihrem Arbeitsplatz die Attraktivität des täglichen Lebens. Gestalten Sie Ihren Arbeitsplatz nach Ihren Prämissen, selbst bei wechselndem Einsatz. Durchdenken Sie die Notwendigkeit aller Gegenstände um sich herum. Lassen Sie Ästhetik und Gestaltungswillen obwalten, damit Ihre persönliche Einstellung zu Ihrer Tätigkeit Ausdruck finden kann. Wenn Sie keine Haltung zu Ihrem Beruf entwickeln wollen, so ist das ein eindeutiges Indiz dafür, daß Sie entselbstet Ihr Geld verdienen.

Denken Sie über Ihr Äußeres am Arbeitsplatz nach. Und zwar nicht, um »schicker« zu erscheinen, sondern um auch in Auftreten und Kleidung auszudrücken, daß Sie Ihre Berufstätigkeit in bewußter Überzeugung ausüben. Nur dann sind Sie wirklich attraktiv, denn nichts wirkt anziehender als ein Mensch, der weiß, was er tut und *warum* er es tut. Ersetzen Sie das »Sichaufgeben« für den Beruf durch eine bewußte Auseinandersetzung mit ihm. Sagen Sie sich: »Was immer ich tue, ich bin dafür verantwortlich. Ich bin es, der diesen Beruf ausübt.«

Sprechen Sie unverstellt mit den anderen am Arbeitsplatz – egal mit wem. Sehen Sie im anderen stets den ganzen Menschen mit seinen Sorgen und Hoffnungen. Geben Sie Einblick in Ihr Inneres; fangen Sie einfach an.

Setzen Sie da, wo kein anderer darunter leidet, die Belange Ihrer persönlichen Wesentlichkeit durch. Zivilcourage am Arbeitsplatz ist eine Bereicherung für Sie selbst und dadurch für andere.

Ein Geheimnis der Zufriedenheit, bei welcher Arbeit auch immer, liegt in der Genauigkeit, Sorgfalt und Konzentration, mit denen die Arbeit ausgeführt wird. Verdrängen Sie ungeklärte Probleme, so vergrößert das nur die Unlust an Ihrer Arbeit. Schaffen Sie jedoch Klarheit, bereiten Sie sich vor, bleiben Sie gewissenhaft bei der Erfüllung Ihres beruflichen Tuns, so erfahren Sie eine völlig andere Lust an der Sache. Seien Sie unbedingt zuverlässig in allen Bereichen Ihrer Arbeit.

Gelebte Wesentlichkeit am Arbeitsplatz und der bewußte Bezug zum Immateriellen, auch und gerade bei rein materiellen Tätigkeiten, werden Ihnen neue Erfüllungsmöglichkeiten bieten. Wo diese fehlen, weil Sie in entseelter, rein sachlichen Art und Weise Ihr Geld verdienen, suchen Sie Ihren Sinn – wo er nicht findbar ist, denken Sie bitte wirklich über einen Berufswechsel nach.

Alles, was in diesem Kapitel steht, könnte Ihnen allzu idealistisch, weltfremd und utopisch erscheinen. Aber warum sollte in einer Zeit der Lichterketten gegen Mißstände in unserer Gesellschaft nicht auch der nächste Schritt möglich sein: nämlich die aktive Veränderung vieler einzelner und dann aller Schicksalsgefährten? Weil es dem Menschen nicht wirklich ernst ist mit seiner Sehnsucht nach einem menschlicheren Leben? Nein, es ist ihm ernst. Ich weiß es – und Sie wissen es für sich auch. *Bequem* ist freilich *keine* Veränderung, und Freunde braucht sie auch; einer allein kämpft verloren auf weiter Flur. Darum ist es wichtig, daß wir miteinander über unsere Lebensumstände, auch unsere Berufe, sprechen.

Bringen Sie in Ihrem Bekanntenkreis Gespräche über dieses Thema in Gang. Und fangen Sie vor allem selbst an, Konsequenzen vorzuleben. Sie können es. Und im Grunde wollen Sie es auch. Bringen Sie persönlich den Mut auf, der von jeher Funkenschlag der Veränderung war. Ich selbst schreibe dieses Buch für Sie, nachdem ich eine Karriere als Fernsehmoderatorin abgebrochen habe, weil ich sie für unvertretbar und den Notwendigkeiten unserer Zukunft ganz und gar zuwiderlaufend ansah. Es geht mir gut dabei – und ich habe Verbündete gefunden. Auch Sie könnten einer davon werden.

Wollen Sie jetzt vielleicht das Kapitel noch einmal lesen? Es wäre schön – denn manch ein Widerstand, der sich in Ihnen sicherlich bei der Lektüre dieser Zeilen aufgebaut hat, könnte mittlerweile verflogen sein. Ein nochmaliges Durchdenken aller erwähnten Punkte würde jetzt sicher zu einem besseren Ergebnis führen. Nehmen Sie sich also die Zeit – es geht um Ihre Lebensbedingungen. Und gerade bei einem so heiklen Thema, wie es der Beruf und die Motivation dazu geworden sind, ist Ruhe für diesbezügliche Überlegungen unerläßlich.

Eines noch zum Thema Arbeit ganz allgemein: Im ersten Kapitel des zweiten Teils dieses Buches haben Sie vielleicht, wenn Sie meiner Anregung folgten, immer wieder Notizen über Ihren Wesentlichkeitsbegriff gemacht und haben Sie konzentriert und aktiv nachgedacht. Sie haben also Arbeit verrichtet, Gedankenarbeit. Sie war für Sie gut und hat Sie weitergebracht. Und dies sollten Sie beim Nachsinnen über Ihre Erwerbstätigkeit nicht außer acht lassen: Arbeit ist sinnvoll oder anregend, sie beinhaltet, oder sie fördert einen Auftrag. Mit Geld hat das zunächst nichts zu tun – auch wenn Sie Ihre existentiellen Lebensbedingungen materiell gewährleistet wissen müssen. Der Einsatz für einen wesentlichen Sinn, die Anstrengung darum, das Bemühen – das sollte Ihre Arbeit bestimmen. Das ist es letztlich auch, was Ihnen ein stolzes und zufriedenes Lebensgefühl vermittelt.

Mit der Höhe eines Gehalts ist dieses Gefühl nicht zu ersetzen. Im Gegenteil, wie schon gesagt: Um eine Arbeit wirklich bewerten zu können, muß die Geldhierarchie heraus aus Ihrem Kopf. Daß Sie sich trotzdem einen Teil Ihrer täglichen Arbeit monetär entgelten lassen, ist Ihr gutes Recht und gar nicht mehr anders einzurichten. Nur eben – die Einschätzung Ihrer Arbeit sollten Sie nicht daran orientieren.

Mit Ihren Gedanken zu diesem Kapitel haben Sie bereits den Grundstein für eine neue Auffassung von Arbeit gelegt. Ihre »Erwerbstätigkeit« beziehungsweise das, was sich dahinter verbirgt, wird für Sie zur sinnvollen Arbeit, die durch Ihren Anspruch an das Wesentliche im Leben definiert ist – und nicht durch Bezahlung. Jeder Lebenstag ist ein Arbeitstag. Ihre Stunden, Wochen, Jahre auf Erden sind gezählt. Ihre Zeit hier ist eine einmalige Chance. Nichts von dem, was Sie tun, dürfen Sie einfach irgendwie tun. Sie werden einmal vor einer höheren Instanz, als es die weltlichen Mechanismen sind, Rechnung legen müssen über das, was Sie mit Ihrer Zeit getan haben. Deshalb, lieber Freund, liebe Freundin: Arbeiten Sie. Vor allem an sich selbst, Ihrem eigenen Leben. Aber auch am Sinn Ihrer bezahlten Tätigkeiten.

Kreuzwege

Dieses Kapitel korrespondiert mit dem Kapitel »Die große Abgrenzung« im ersten Teil des Buches. So soll an seinem Anfang noch einmal kurz die Zusammenfassung des dort beschriebenen Mißstandes stehen: Indem wir in einen materiell ausgerichteten Autismus flüchten, grenzen wir uns vor unseren Mitmenschen und vor der ganzen Fülle unseres Ichs, der Weite unserer Seele, ab. Wir kultivieren die große Abgrenzung bis hin zur totalen Weigerung, unsere Blockade überhaupt wahrzunehmen – und somit vielleicht über ihre Ursachen nachzusinnen. Die Ursache der großen Abgrenzung liegt nach meiner Auffassung letztendlich in der verdrängten Ahnung um einen höheren Zusammenhang. Das Wissen um den immateriellen (göttlichen) Sinn aller Wege ist uns abhanden gekommen. Doch dieses Wissen allein kann uns in der irdischen Menschengemeinschaft und vor allem in uns selbst ein Gefühl beständiger Geborgenheit geben. Wir müssen uns wieder an jene umfassende Weisheit herantasten, die uns den Mut verleiht, unser Leben hier auf Erden ganz zuzulassen und es als Lernprozeß für unsere Seelen anzunehmen. Bislang existieren wir in einer Welt aus Eis und Isolation, bestimmt durch Todesverdrängung, Lebensangst und Egozentrik. Das Eigentliche grenzen wir dabei aus.

Wie nun finden wir zu einem ganzheitlichen Sinn zurück? Wie kommen wir aus dem Gefühl der Sinnlosigkeit und Einsamkeit unseres Seins wieder heraus und gelangen zu jener umfassenden Wärme, die keine behindernde Abgrenzung kennt? Wie können wir die Unverbindlichkeit unseren Schicksalsgefährten gegenüber wieder in ihr Gegenteil zurückführen? Wie können wir unser wahres Ich ganz zulassen?

An der Antwort auf die letzte Frage haben Sie bereits sehr viel gearbeitet – allein durch all die Denkanstöße, die Sie bisher durch dieses Buch erhalten haben. Sie beschäftigten sich mit Ihrem persönlichen Wesentlichkeitsbegriff, mit der Stille in Ihnen, mit den Möglichkeiten eines materiell einfacheren und bewußteren Lebens, mit der Stimmigkeit und Unverwechselbarkeit Ihrer eigenen Worte und mit dem Zugang zum Wesentlichen in Ihrem beruflichen Tun. Vielleicht haben Sie meine Anregungen sogar schon zu Ende gedacht und in die Praxis umgesetzt. Sie verfügen dann über einen neuen, persönlichen Reichtum, der Sie die Weite Ihres gesamten und wahren Selbst erahnen läßt. Sie haben damit bereits einen Grundstein für ein neues, besseres Leben im Sinne des Wesentlichen gelegt, und es wird Ihnen leichter fallen, die folgenden Kapitel anzunehmen.

Vielleicht aber sind Sie ein Mensch, der die bewußte Arbeit an einer Veränderung erst aufnimmt, wenn er weiß, »worauf das alles hinausläuft«. In diesem Falle ist es sicher das Beste, wenn Sie das Buch erst einmal zu Ende lesen. Sie werden anschließend fühlen, daß der von Ihnen erforderliche Beitrag in weit mehr besteht als nur in der aufmerksamen Lektüre. Dieses Buch drängt Sie zu nichts; es wird sich dem Tempo Ihrer Arbeit, der Arbeit an den Veränderungen Ihres Lebens, anpassen und Ihnen immer wieder anregend oder bestätigend zur Seite sein. Es lediglich zu *kennen* ist jedoch noch keine Veränderung. Eine Veränderung Ihres Lebens kann nur durch Ihren persönlichen Einsatz erreicht werden.

Wenn Sie allerdings von Anfang des zweiten Teils an aktiv mitgearbeitet haben, so haben Sie inzwischen schon einige Grenzen in sich selbst überschritten. Dann ahnen Sie, daß in Ihnen die unendliche Fülle des Wesentlichen ruht. Es ist nun wichtig, daß Sie den irdischen Zusammenhang, in dem Sie sich derzeit bewegen, erkennen lernen, und zwar in einem dem Materiellen *übergeordneten* Sinn. Sie müssen die Mauer vor Ihren Schicksalsgefährten überwinden, indem Sie akzeptieren, daß jeder Mensch, der Ihnen begegnet, ein Teil Ihres Lebens ist.

Es erscheint mir nicht sinnvoll, wenn Sie diesen Weg nun zuerst durch Ihren Intellekt in Einzelteile zu zerlegen versuchen. Sie wissen ja selbst gut genug, wie nahezu undurchbrechbar unsere Gewohnheit ist, ein Problem nach ausführlicher verstandesmäßiger Betrachtung und Durchforstung beiseite zu schieben, *ohne* zu handeln. Ich schlage Ihnen daher einen anderen Weg vor: Erleben Sie erst einmal eine neue Sicht der Erdengemeinschaft Mensch, aufgeschlossen und bewußt. Und erfahren Sie dadurch die Veränderung Ihres Lebens am eigenen Leib. Ehe wir Existenz und Sinngefüge einer großen Gemeinschaft zerdenken, an einer allem zugrundeliegenden gemeinsamen göttlichen Idee zweifeln und uns beidem deswegen schlußendlich verweigern, sollten wir beides ganz einfach zu *leben* versuchen. Die Antwort auf unsere Fragen wird sich dann zeigen und uns fühlen lassen, was sie zu geben in der Lage ist.

Bitte verfahren Sie nun folgendermaßen: Leben Sie die nächsten vierzehn Tage Ihres Daseins bewußt mit dem Grundgedanken, den Ihnen dieses Kapitel nahelegt. Rufen Sie ihn sich immer wieder neu, täglich mehrmals, in Ihr Gedächtnis zurück. Lassen Sie das Buch nach Lektüre dieses Kapitels für die Dauer Ihres Experiments liegen, und lesen Sie erst weiter, nachdem Sie sich (eventuell wieder mit Hilfe von Notizen) Klarheit über Ihre Gefühle während oder nach Ablauf der »Probezeit« verschafft haben, Klarheit über Ihre eigene Veränderung.

Gehen Sie einfach einmal davon aus, daß *nichts* in Ihrem Leben zufällig passiert. Alles, was in Ihrem Lebensbereich geschieht, ist eine Prüfung Ihrer Seele, Ihres immateriellen Wesens. Warum es nach meiner Sicht nur so sein kann, werde ich im nächsten Kapitel darlegen. Versuchen Sie bitte zunächst, einfach hinzunehmen, daß nichts in Ihrem Leben zufällig ist. Und: Ihr individuelles, materiell nicht greifbares Wesen unterliegt einer fortwährenden Prüfung.

Möglicherweise finden Sie sich jetzt in Ihrer Ahnung bestätigt, und Sie haben sich bisher im gegenwärtigen Zustand unserer Welt nur zu bedrängt und zu ausgehöhlt gefühlt, um dieser Ahnung aktiv nachzugehen. Vielleicht aber haben Sie den Grundgedanken dieses Kapitels spontan und vehement abgelehnt...

Was immer Sie empfinden: Gehen Sie wie bei einem Spiel, auf das man sich einigt, die nächsten vierzehn Tage Ihres Lebens davon aus, daß alles, was Ihnen begegnet, einen höheren Sinn hat, der Sie und Ihr wahres, unsterbliches Selbst schulen will.

Einig werden Sie mit mir in jedem Fall darin sein, daß auf dieser Erde gute Kräfte gegen böse Kräfte ankämpfen. Daß die Geschichte der Menschen hier auf Erden von jeher schon die Geschichte der Austragung dieses Kampfes war. Und daß der Mensch in sich denselben Kampf kämpft: gut gegen böse. Freilich, man kann die Hauptfaktoren des Lebens in subtilere Worte fassen, differenzierter ausbreiten; letztendlich aber verhält es sich doch so einfach. Was gut ist und was böse, wissen wir im Grunde genau – das Gefühl dafür ist uns angeboren. Die spezielle Tragödie unserer Gegenwart ist jedoch, daß sich unser Unterscheidungsvermögen zwischen gut und böse zunehmend entschärft. Im ständigen Bemühen, die Komponenten unseres Lebens so sachlich wie möglich zu beurteilen und zu relativieren, verwischen wir immer mehr die Grenzen zwischen diesen Gegensätzen. Das Ergebnis ist unsere desorientierte Welt – mit all ihren fragwürdigen Toleranzen. Rücken wir unser Bewußtsein jedoch in aller Stille einmal wieder gerade oder sind wir mit einer extremen Lebenssituation konfrontiert, so ist es wieder glasklar in uns vorhanden, dieses natürliche Empfinden von Gut oder Böse.

Der Zusammenhang zum vorher Gesagten ist einfach: Alles, was Ihren Lebensweg kreuzt, Menschen wie Situationen, dient der Prüfung, *wie* Sie sich verhalten werden – dem Guten grundsätzlich verpflichtet oder dem Unguten nachgebend. Der Konflikt entsteht, weil das Gute stets schwieriger erreichbar ist als das Böse. Man könnte auch sagen: Das Ungute biedert sich uns durch seine Bequemlichkeit an – das Gute erfordert Opfer. Doch diese Einbußen stellen sich bei näherer Betrachtung letztlich als *unwesentlich* heraus.

Leben auf Erden ist Arbeit, im besten Sinne, Arbeit an der Seele, dem Unsterblichen in uns. Irdisches Leben ist die Chance zu wachsen, universal zu werden, wieder in das Gute in sich – die wesentliche Kraft – einzugehen. Darüber aber mehr im nächsten Kapitel. Jetzt bleiben wir bei allem, was Ihren Lebensweg kreuzt. Ich bitte Sie, sich vierzehn Tage lang anzugewöhnen, diese Begegnungen als seelische, immaterielle Prüfung zu betrachten und entsprechend zu handeln. Stellen Sie sich Ihre Seele als Buch Ihrer persönlichen Taten vor. Sie allein mit Ihrem Willen, niemand sonst, sind das Wesen, das dieses Buch schreibt.

Ganz nüchtern betrachtet heißt das, daß Sie Stellung beziehen müssen. Zu allem, was Ihnen geschieht, zu jedem, der Ihnen begegnet. Um letztendlich dem Guten zu dienen, wo immer es Ihnen möglich ist.

Das heißt nun durchaus nicht, Sie müßten allerorten »gut« oder pauschal »liebend« sein. Nein, Sie sollen sich Ihren Prüfungen stellen, nicht mehr und nicht weniger.

Jene Gruppe von Menschen, die sich hinter der Rolle des vorsätzlichen Altruisten verstecken und durch unstimmige »Grundherzlichkeit« oder generelle Engagiertheit in Sachen Menschlichkeit unglaubwürdig werden, muß von Ihnen nicht um ein weiteres Mitglied vergrößert werden. Es geht um etwas anderes. Es geht um Ihre persönliche, spezifische Wachheit auf Ihrem Lebensweg. Sie sollen lernen, jeder Situation, jedem Menschen unblockiert begegnen zu können. Gleichzeitig ist es wichtig, daß Sie auch wissen *wollen*, was dabei in Ihnen vorgeht und was die Begegnung für Sie persönlich auf Ihrem Weg zum Guten bedeuten kann. Prägen Sie sich also bitte zunächst ein: *Nichts*, keine noch so banale Situation, kein noch so flüchtiges Zusammentreffen ist unwichtig. Alles ist wichtig. Alles geschieht in Sekunden Ihres Lebens, und es geschieht für Sie, auf Ihrer eigenen »Lebensbühne«.

An dieser Stelle möchte ich auf das erwähnte Beispiel unseres Kellners in dem Kapitel »Die ungeliebten Berufe« zurückkommen. Da ist keine Maschine, die uns bedient, sondern ein Mensch mit Sorgen und Hoffnungen. Und wir selbst sitzen an einem Tisch mit unseren Hoffnungen und Sehnsüchten. Im Moment der Kontaktaufnahme begegnen sich in körperlicher Gestalt zwei Seelen, die jeweils eine eigene Geschichte mit der wesentlichen Urkraft auf dem Weg zum Guten haben. Für einen noch so winzigen Augenblick lang kreuzen sich beider Seelen Schicksalswege. Ich bringe das Beispiel gerne noch einmal: Bräche ein Feuer aus im Lokal, so wäre die Schicksalskreuzung für uns ganz einfach zu erkennen. Meist jedoch bricht kein Feuer aus. Es liegt an uns selbst, jede Begegnung auch ohne Not als *Begegnung* wahrzunehmen und ihr entsprechend zu handeln.

Die Abgrenzung vor unseren Mitmenschen, unter der wir alle gegenwärtig so schmerzlich leiden, ist eine Mißgeburt aus verdrängtem wahren Wissen und einer Gleichgültigkeit, die wir immer wieder vor uns selbst inszenieren. Im Grunde unserer Herzen aber fühlen wir, daß wir alle einander angehören. Jeder ist in seiner Art anders, aber wir sind alle durch einen höheren Sinn mit dem einzelnen verbunden, in einer jeweils bestimmten Situation. Und so sollten wir uns auch begegnen.

Konsequent und täglich müssen wir daran arbeiten, unsere Abgrenzung zu durchbrechen, um *miteinander* unseren Weg der Prüfungen zu gehen. Was auf unserem Lebensweg liegt, will angenommen und bewältigt werden. Angenommen werden heißt: seelisch erfaßt – und mit Seele begleitet.

Treffen wir heute auf einen Mitmenschen, so filtert in neunzig von hundert Fällen unser mittlerweile zum Reflex gewordenes materielles Denken aus, welche Funktion er hat und was er – materiell – für uns tun kann. Räumen Sie sich selbst diesen ersten Mauerstein der Abgrenzung beiseite; arbeiten Sie an Ihrer ersten Reaktion. Wäre es nicht wünschenswert, sie lautete folgendermaßen: Was strahlt dieser Mensch auf mich aus? Was kann *ich* in der konkreten Situation der Begegnung für ihn tun? Und was *sollte* ich tun – nach meinen Wertmaßstäben? Was – im Sinne des Wesentlichen – führt uns zusammen?

Einige grundsätzliche Überlegungen können Ihnen vielleicht des weiteren helfen, in der allgemeinen Eile unserer Begegnungen sinn-bewußt zu reagieren – wobei diese Eile ebenfalls zu hinterfragen wäre, denn mit zunehmendem Bewußtsein über den Sinn aller Wege stellt sich auch der Wunsch ein, uns einander *in Ruhe* zu widmen: Warum begegnet mir dieser Mensch *gerade jetzt*, so wie er auf mich wirkt? Und warum wirkt er gerade in dieser Weise auf mich? Wie habe ich nach den Kriterien meines Wesentlichkeitsbegriffs mit diesem Menschen umzugehen? Und wie auseinanderzugehen?

Dort, wo Sie mehr Zeit haben oder Begegnungen nacharbeiten möchten, könnten Sie sich fragen: Was zeigt mir der andere an eigenen Versäumnissen? Was kann sein Auftreten in meinem Leben für mich Grundsätzliches bedeuten? Was mag der Plan des Wesentlichen mit diesem anderen sein?

Beantworten Sie diese Fragen für sich, und formulieren Sie eigene »Kreuzwege-Fragen«. Durchdenken Sie sie immer wieder, in Begegnungen, nach Begegnungen, vor Begegnungen. Stellen Sie sich Ihr Leben als einen bestimmten Weg in einer Landschaft vor. Einen Weg, den andere kreuzen. Die Landschaft, in der wir alle gehen, hat ein Schöpfer wohl durchdacht. Dem Plan dieses Schöpfers sollten wir gerecht werden *wollen*, denn dadurch können wir *selbstbestimmt* Teil des Guten werden.

Stellung beziehen auf Kreuzungen heißt also zuallererst: wachsam sein, wahrnehmen, denken. Und erst dann folgt das Handeln. Im Umgang mit Menschen kann das gleiche gelten wie im Umgang mit Worten: Das Prinzip Wahrnehmung – Reflexion – Handlung. Wobei Reflexion auch hier nicht nur intellektuell zu verstehen ist, sondern ebenso intuitiv, und handeln bedeutet nicht, daß Sie fortwährend in Aktion treten müssen. Eine Handlung kann auch deren Verweigerung sein.

Ein Beispiel: Sie gehen die Fußgängerzone Ihrer Heimatstadt entlang; ein Bettler steht plötzlich vor Ihnen. Sie haben es eilig (warum?) und sind mit Ihren Gedanken gerade ganz woanders. Egal, wie flüchtig die Begegnung in Relation zu Ihrem Leben auch sein mag – dies ist ein Kreuzweg Ihres immateriellen Lebens. Wie Sie sich nun konkret verhalten, ist Ihrer Einschätzung überlassen. Verhalten Sie sich auf jeden Fall klar und deutlich, bestimmt durch Ihre bewußte Wahrnehmung. Sehen Sie den Mitmenschen an, sehen Sie ihm in die Augen, grundsätzlich.

Vielleicht nur für den Bruchteil einer Sekunde, doch das genügt für Ihre angeborene Intuition. Denken Sie an die Fragen, die Sie sich selbst auf Kreuzwegen stellen wollten. Geben Sie dann ein klares Zeichen: entweder der Ablehnung (»Ich will dir nicht helfen«), des Bedauerns (»Ich kann dir nicht helfen«), der Ratlosigkeit (»Ich weiß nicht, wie ich dir gerecht werden kann«) oder des Interesses (»Was gibt es, womit ich dir helfen kann?«). Dieses Zeichen kann ohne weiteres nonverbal sein; Menschen können schließlich in Menschenaugen lesen. Aber es muß die Wahrheit sein – Ihre persönliche Wahrheit. Sie ist für den anderen wichtig, um sich zu erkennen. Auch Sie selbst möchten im Grunde echte Reaktionen erhalten. Wir alle spiegeln uns ineinander – und erkunden uns damit.

Für Ihre Art zu reagieren sind Sie allein Ihrem persönlichen Wesentlichkeitsbegriff Rechenschaft schuldig. Legen Sie sie sich gewissenhaft ab, und zwar bei jeder Begegnung. Denn *dies* ist das Leben und nicht Zerstreuung oder materielle Abhängigkeit, die davon nur ablenkt.

Um beim Bettler zu bleiben: Es geht mir hier nicht um die Beurteilung, welches Verhalten gut oder schlecht ist. Tun Sie das, was Sie als richtig empfinden. Wichtig ist, daß Sie den Menschen wahrnehmen und eine Beziehung zwischen Ihrem und seinem Leben erkennen können.

Verabschieden Sie sich von der allgemeinen Dumpfheit und Betäubung, von der seelischen Blockiertheit, mit der wir gegenwärtig fast alle aneinander vorbeileben. Es geht hier auf Erden allein um Menschen und deren *seelische* Schicksale. Alles andere ist eine vorübergehende Erscheinung, ein Gleichnis anhand des Sichtbaren, Materiellen. Und es geht darum, auf welche Seite Sie sich grundsätzlich stellen möchten: auf die von Gut oder Böse. Niemand, das fühlen Sie sofort, während Sie dies lesen, will sich auf die Seite von Bösem schlagen. Wer es tut, ist sehr am Anfang seiner Entwicklung und vollkommen desorientiert. Der Mensch strebt im Lauf seiner vielen Leben zum Guten, zu seinem Schöpfer zurück – wie Luzifer, der gefallene Engel.

Stellen Sie sich mit Ihrer individuellen Persönlichkeit Ihrem Leben und Ihren Schicksalsgefährten, dem Guten dienend, zur Verfügung. Sie werden sehr bald spüren: Es ist der richtige Weg. Sie werden im Lauf der Zeit ein wachsendes Vertrauen Ihrer Umgebung genießen; es werden Ihnen Dinge geschehen, die Ihnen vorher nicht passierten oder die Sie vielmehr nicht wahrnahmen; es werden Ihnen Worte gesagt, anvertraut werden, die Sie zuvor nicht hörten, und Sie werden Schicksale kennenlernen – vielleicht auch nur in kurzen Szenen –, die Ihnen vorher nichts bedeutet hätten. All das wird zu Ihrer wesentlichen Entwicklung beitragen, wird das Gute in Ihrer Seele stärken – und das Gute auf dieser Erde.

Bleiben Sie aber immer Sie selbst! Geben Sie nie eine Haltung anderen gegenüber vor, die Sie nicht haben. Lernen Sie sich selbst, Ihren Auftrag, Ihren individuellen Weg, immer besser kennen. Hören Sie in sich hinein, was eine bestimmte Begegnung in Ihnen auslöst. Und auf noch einen Zusammenhang möchte ich Sie hinweisen: Schauen Sie sich eine Begegnung besonders aufmerksam an, wenn diese unangenehme Gefühle in Ihnen auslöst. Sie leben hier, um Ihre Seele zu bilden, um Ihren Weg zum Wesentlichen herauszufinden. Gerade mit unangenehmen Begegnungen konfrontiert uns das Schicksal immer wieder, bis wir durch sie gelernt haben, was darin für uns zu lernen war. Letztendlich sind diese schmerzhaften Begegnungen gut für uns: Sie bringen unser immaterielles Selbst weiter. Öffnen Sie sich demzufolge insbesondere für die Menschen, die es Ihnen schwermachen; es ist so der *leichtere* Weg. Andernfalls, das ist Ihnen sicher schon öfters in Ihrem Leben bewußt geworden, konfrontiert Sie das Schicksal nur um so stärker mit Schmerzen und Leid. Wir sind hier, um zu lernen. Und diese Arbeit, nur diese Arbeit, ist es, was uns letztendlich glücklich machen kann.

Dies alles, bewußt durchdacht und im Hinblick auf das Licht vor unseren Augen durchlebt, hat in seinem Ergebnis sehr viel mit Lebenslust zu tun, nicht mit Beschränkung. Es ist schön, von der wesentlichen Kraft gesehen, geliebt und geprüft zu werden.

Selbstverständlich gilt alles hier Gesagte auch und gerade für Ihre Begegnungen mit den Menschen, die Ihren Weg nicht nur kreuzen, sondern begleiten. Da wir uns aber mit näherstehenden Menschen – schon aus Egoismus, oft jedoch auch in ehrlicher Liebe – grundsätzlich eher Mühe geben, liegt die Ursache für Kälte und Teilnahmslosigkeit in unserer Gesellschaft vor allem in der Vielzahl der flüchtigen, scheinbar unwichtigen und rein materiell orientierten Begegnungen begründet. Hier müssen wir zuerst ansetzen. Es geht nicht an, daß wir Menschen nur dann als Menschen sehen, wenn wir sie näher und länger kennen. Lernten wir besser, auch und gerade Fremde als Schicksalsgefährten und Teil einer kosmischen Idee anzusehen, dann lehnten wir Krieg, alle Arten von Gewalt und Unterdrückung mit einer ganz anderen, mit einer *gelebten* Intensität ab – und nicht nur theoretisch und wie hinter Panzerglas.

Und wenn wir nicht nur unseren eigenen Kindern, sondern jedem Kind das Gefühl seiner persönlichen Wichtigkeit in unserem und seinem Leben geben, dann wächst eine andere Generation heran – eine von Anfang an vertrauendere, sinngeborgenere; eine Generation, die den Begriff der wesentlichen Liebe ahnt und sucht.

Ich komme nun auf meinen Vorschlag zurück: Versuchen Sie bitte, vierzehn Tage lang eingedenk dieses Kapitels zu leben. Arbeiten Sie täglich daran, all Ihre Kreuzwege bewußt zu erleben, Ihre Schicksalsgefährten zu *sehen*, die zur selben Stunde dieselbe Luft atmen wie Sie, sich selbst in der Begegnung mit ihnen zu beobachten und Ihre Persönlichkeit, die wahre Stimme Ihres Herzens, sprechen zu lassen. Lassen Sie sich selbst ganz zu, nehmen Sie auch Ihre schlechten Gewohnheiten wahr, die Sie in Ihrer Vorsicht aus vielleicht schon erfahrener Enttäuschung entwickelt haben. Überwinden Sie sich. Stärken Sie das Gute in Ihnen selbst – und in der Welt. Machen Sie sich immer wieder Notizen, wie es Ihnen geht, was Sie erlebt haben, denken, fühlen; wie Sie sich verändern und wie sich Ihr Zusammenkommen mit anderen verändert.

Im folgenden Kapitel möchte ich Ihnen dann darlegen, warum all unsere Bemühungen auf Erden Teil eines kosmischen Sinnzusammenhangs, einer göttlichen Idee, sind: einer Idee, die uns persönlich meint, uns fördert und liebt – als Individuen und in unserer Unsterblichkeit.

Gute vierzehn Tage wünsche ich Ihnen. Dieses Buch wartet auf Sie.

Über die göttliche Idee

Ob Sie dieses Buch nun *nach* Ihrem Experiment (und somit wissender und aufgeschlossener) weiterlesen oder anstatt einer Vertiefung des Themas »Kreuzwege« – wie versprochen möchte ich für Sie und gemeinsam mit Ihnen über die Frage nach einem allem zugrundeliegenden Sinn, die Frage nach der göttlichen Idee, nachdenken.

Mir ist durchaus bewußt, auf welch dünnes Eis wir Menschen uns begeben, wenn wir uns nicht nur in Gedanken und für uns selbst mit der Frage nach dem höheren Sinn unseres Erdenlebens beschäftigen, sondern auch noch andere mit unserer Auffassung ansprechen. Ich weiß auch, wie unzulänglich in Anbetracht des Universums alle geschriebenen und gesprochenen Worte sind, und ferner, daß Sie selbst sich im Laufe Ihres Lebens und vielleicht gerade in der letzten Zeit immer wieder mit dem auseinandergesetzt haben, was Ihr persönlicher Sinn sein könnte: Ihr persönlicher Wesentlichkeitsbegriff, der früher oder später in eine gesamte Vorstellung von Sein mündet. Ich denke aber, ich würde die Arbeit an diesem Buch nur zur Hälfte leisten, stellte ich Ihnen nicht einige meiner eigenen Gedanken über den allumfassenden Sinn zur Seite. Allerdings nicht – wie schon gesagt –, um meine eigenen Überlegungen als Definition des Wesentlichen verstanden zu wissen. Sie sollen Ihnen lediglich Hilfe auf *Ihrem* Weg anbieten, dem Weg zu Ihrer individuellen Antwort auf die wichtigste Frage unseres Daseins.

Für mich sind die grundlegenden Zusammenhänge unseres Erdenlebens mit einem höheren, allumfassenden Sinn so deutlich und klar zu erkennen, daß ich versuchen möchte, Ihnen von dieser Gewißheit etwas abzugeben.

Dies auch, weil ich überzeugt bin, daß jeder Mensch ein – vielleicht ihm noch unbewußtes oder schon verdrängtes Urwissen des Ganzen, ein Wissen um die göttliche Idee, in sich trägt. Möglicherweise können meine folgenden Sätze gerade die Zweifler unter Ihnen berühren und beruhigen. Auf meinem Schreibtisch steht eine vollerblühte Rose in einem Wasserglas; rosafarben und einen durchdringenden, feinen Geruch verströmend. Vorhin sah ich in das Innere der Blüte, ich betrachtete die zarte Ordnung, die unzufällige Schönheit dieser Rose. Eine gesetzmäßige Schöpfung hat diese Rose genauso heranwachsen lassen wie andere Rosen auch. Doch ist *diese eine wie keine andere Rose*, hat sie einen eigenen Ausdruck, eine individuelle Eigenart. Ein allumfassend weiser Schöpfer hat die Gesetze eines Wachstums gemacht, das er in seiner individuellen Vollendung sich selbst überläßt. Dieses Gefüge *kann* keinem willenlosen Zufall entsprungen sein.

Alles, was hier auf Erden lebt, die Rose auf meinem Tisch und jede andere Pflanze, jedes Tier und jeder Mensch, hat den Ursprung in einer aktiven Schöpfung. Das Leben aller Wesen ist nicht reduzierbar auf die mehr oder weniger langfristige Folge einer chemischen Reaktion, die sich »irgendwann ausgelöst« und verselbständigt hat. Es gibt kein organisches Leben, das »zufällig« entstanden wäre. *Wir sind bewußt erschaffen worden.* Unser seelisches Empfinden weiß genau, daß dieser Satz stimmt. Im Anblick einer Rose spüren wir die Geborgenheit in Gott. Aber wir haben uns, ausgestattet mit freiem Willen, immer weiter von dieser Geborgenheit entfernt. Wir ließen etwas in uns übermächtig werden, das zweifelt, das mit fortschreitender Vernachlässigung unserer Seelen immer lauter und immer öfter nach sachlichen, »wissenschaftlich überprüfbaren« Theorien ruft. Alle Theorien darüber, wie organisches Leben auf der Erde entstanden sein könnte, berühren aber das Eigentliche dennoch nicht. Sie finden keine Erklärung für den letzten Ursprung der Welt, in der wir leben. Nehmen wir nur ein Beispiel: Selbst wenn die Wissenschaft die Evolution als »Sachverhalt« bestimmt, der bis zum »Urknall« zurückverfolgt werden kann, so kann doch niemand sagen, woraus der »Urknall« entstand, wer oder was ihn bewirkte – auch der überzeugteste Wissenschaftler nicht. Und selbst wenn wir Anhänger der DARWINschen Lehre (»natural selection«) sind, *ohne* uns die Frage nach dem Ursprung aller Entwicklungen zu stellen, so bleibt in uns letztlich ein unlösbares Rätsel bestehen: warum wir uns selbst empfinden und im Inneren unserer Wahrnehmungen, in unseren persönlichen Gefühlen und Gedanken ein unverwechselbares, selbständiges Ich sind. Jeder Mensch erlebt mit sich das Wunder seiner individuellen Existenz, erlebt in der Gegenwart, in der er existiert, und *nur* in dieser das Wunder seiner eigenen Geschichte vom Werden. Wir sind uns selbst überlassen, aber wir haben uns doch nicht für Zeit, Ort und Umstände unseres Lebens entschieden. Wir sind nicht aus uns selbst entstanden. Wir sind in das, was wir unser Leben nennen, *hineingegeben* worden. Also sind wir Teil eines Ganzen, das wir nur erahnen, von dem wir aber wissen: Es ist unendlich viel größer als wir.

Das Wunder unserer Seele, das Wunder unseres Hierseins, ist dem Intellekt verschlossen und beweist unseren Herzen das gleiche wie der Anblick jener Rose, die als Teil eines stillen, erhabenen Plans heranwächst. Wir sind nicht die ohnmächtigen Opfer irgendeiner Willkür.

Unsere Hilflosigkeit hier auf Erden, die uns manchmal in unserer Unorientiertheit anspringt, all unsere Verirrungen, unser Zweifel und unser Haß auf vieles in unserem Dasein, mitunter auch auf uns selbst, die Resignation und die Ersatzhandlungen, die Schadenfreude und der Neid – all das wird unbedeutend und durchschaubar sinn-los, wenn wir uns der Größe der göttlichen Idee in uns (wieder) bewußt werden und uns ihr hingeben. Damit meine ich nicht die Hingabe durch Selbstaufgabe und Gleichgültigkeit, sondern mit ganzer Eigenverantwortung. Wir müssen uns mit unserem immateriellen Ursprung beschäftigen, uns in ihn versenken wie in eine Musik von HÄNDEL oder MOZART – und ein Sinn wird vor uns auftauchen, der uns uns selbst und alles, was zu unserem wahren Leben gehört, wieder annehmen läßt. Der Drang nach rein materiell orientiertem Wissen, das große Mißtrauen, das dadurch zum Ausdruck kommt, kann in uns abgelöst werden durch die eigene innere Sicherheit. Keine ignorante Scheinsicherheit, die unser Bewußtsein mutwillig verschleiert; sondern eine Sicherheit, die dem Ganzen, der göttlichen Idee der Schöpfung vertraut und die nicht mehr »alles wissen« muß. Doch wie erreichen wir das, und zwar eben nicht rein verstandesmäßig?

Vielleicht schauen Sie auch gelegentlich abends in der Dunkelheit noch einen Moment lang in den freien Himmel über Ihnen. Betrachten Sie nicht vielleicht auch immer wieder einmal, ganz in Gedanken versunken, die Sterne? Welches Gefühl ist in Ihnen dann überwiegend? Die Angst, einer unendlichen Zufälligkeit ausgeliefert zu sein, die Angst vor der Weite des Universums und die Panik, darin verloren, ohnmächtig hineingeschleudert und verwirrt zu sein? Oder breitet sich eine Ruhe aus, die Ihnen mit zunehmender Betrachtung des Sternenzelts ein Gefühl des Geordnetseins und der tiefen Ahnung um das große Ganze vermittelt? Ist es vielleicht so, daß Sie, je offener und nachdenklicher Sie in den Nachthimmel schauen, ein um so tieferes und beruhigenderes Gefühl einer immateriellen (göttlichen) Fügung in sich verspüren? Mir geht es so. Und für mich ist diese beruhigende Ausstrahlung »Beweis« dafür, daß wir grundlegendes Vertrauen haben dürfen zum – für uns – Unfaßbaren, denn das Vertrauen in dieses Unfaßbare ist in uns angelegt. Sonst könnten wir es nicht empfinden.

Dieses Vertrauen jedoch muß von uns selbst erfühlt und genährt, *aufgebaut* werden. Im Laufe unseres Erdenlebens wird es auf viele Proben gestellt. Diese Prüfungen haben Sinn, denn wir müssen Anteil der Wesentlichkeit, der göttlichen Kraft, zu dem wir am Ende all unserer Verwandlungen werden können, selbst und bewußt erarbeiten. Gott – was immer wir darunter verstehen – erneuert sich durch uns. Und er braucht freiwillige Erneuerer seiner Kraft. Wir können diese allumfassende Kraft nur stärken und verbreiten, *wenn wir unsere Zweifel selbst besiegen* und zunächst *in uns selbst* wesentlich werden. Wir sind frei, Gott zu helfen oder ihn zu schwächen. Jeder von uns bestimmt auf diese Weise das Weltgeschehen mit.

Wo immer wir uns von der wesentlichen Kraft in unserem Leben abwenden oder sie zu suchen versäumen, verschenken wir unsere Möglichkeiten zurückzufinden – und die wesentliche Kraft wird durch unser Fehlen geschwächt. Und der gefallene Engel, der von Gott selbst zur eigenen Überprüfung abgespaltene Teil, wird in seiner gegensätzlichen Machtanmaßung gestärkt. Es spricht für einen liebenden Gott (zur besseren Verständigung nenne ich die wesentliche Kraft jetzt immer wieder so), daß er sich immer wieder aus freiem Willen selbst überprüft – und zwar durch ein eigenes Teilwesen, das sich auch gegen ihn erheben kann: durch uns. (Für den Fall, daß Sie den Grundgedanken dieser Überlegungen nicht mehr gegenwärtig haben, lesen Sie bitte den Beginn des Kapitels »Das entseelte Tun« noch einmal genau durch.)

In uns ist also beides, Gott und LUZIFER. Wir müssen uns

entscheiden und sind auf diesem Weg fortwährend Prüfungen ausgesetzt. Unseren Teil der Wesentlichkeit, unseren individuellen Beitrag zu Gott, müssen wir uns selbst erarbeiten.

Die größte aller Prüfungen ist die Gewißheit, daß wir »sterben« werden. Wie gehen wir mit dieser Gewißheit um? Wir wissen nicht, wann, wo und wie das festgesetzte Ende unseres Erdenlebens sein wird – wir wissen nur, daß es kommen wird. Diese Tatsache ist der bedeutsamste Hinweis darauf, daß wir in der Hand eines Höheren sind, mithin das Eigentliche nicht wissen, es nur erahnen können. (Und ihm also mit chemischen Formeln und rein wissenschaftlichen Beweisen niemals beikommen werden.) Wir werden diesem Eigentlichen nicht entrinnen, wie sehr wir auch dagegen anleben, wie sehr wir es auch leugnen mögen.

Jeder Mensch, der einmal in der Nähe seines eigenen Todes war oder auch »nur« in der Nähe von Sterbenden, wird dieses unbeschreibbare Gefühl kennen, welch ein stiller und mächtiger, göttlicher Hinweis der physische Tod für uns Menschen ist. Welch eine wunderbare Ruhe, welch eine Geborgenheit *im Immateriellen*, welcher Beweis der Seele ihm innewohnt. Denn erst der sterbende oder tote Körper *zeigt* es uns mit letzter Klarheit, wie sehr er zuvor beseelt gewesen ist. Und, da seine eigentliche Ausstrahlung mithin immateriell gewesen sein muß, daß das *Eigentliche* mit dem körperlichen Tod nicht mitstirbt. Über jedem Toten, das fühlen wir, wenn wir ihn in Andacht und Ruhe betrachten, schwebt noch eine Zeitlang sein wahres Selbst. Irgendwann scheint es weiterzureisen – der Körper war ihm nur vorübergehend Gestalt.

Zum Thema Tod möchte ich Ihnen im letzten Kapitel noch einige Gedanken mitteilen. Vorerst will ich weiter von der göttlichen Idee und den elementarsten meiner Überzeugungen sprechen: daß die Zäsur, die der physische Tod bedeutet, ein Beweis für die göttliche Idee ist. *Alles* Sterben *und* Werden ist *ein* Ganzes – und unsere Seele unsterblich.

Ich persönlich bin mir dessen gewiß. Ich habe, wenn im Herbst die Blätter fielen, dieses scheinbare Sterben schon als Kind als eine Phase empfunden, auf die neues, dem jeweiligen Individuum zugeordnetes Leben folgte. Das einzelne Blatt ging auch in seinem scheinbaren Tod nicht verloren, ich spürte es, *und ich mußte nicht darum weinen.* Ihnen wird es genauso ergangen sein wie mir, nur rufen Sie sich dieses Urwissen vielleicht kaum noch in Ihr Erwachsenengedächtnis. Als Kinder waren wir sicher: Jeden Morgen geht die Sonne auf, auf Nacht folgt Tag; nach der Zeit der kahlen Bäume kommt wieder der Sommer mit seinem dichten Grün und den lauen, schattigen Abenden. Uns war, ohne daß wir darüber nachdachten, ganz selbstverständlich klar, daß es eine große Zauberhand gibt, die die gefallenen Blätter in den Erdboden zieht und so dem Stamm des Lebens zu neuer Blüte verhilft. Wir tranken, wenn wir durstig waren, und dachten nicht darüber nach. Wir rannten, spielten und riefen, vertrauten der Natur, vertrauten uns selbst und der Zauberhand – zu der auch unsere Lieben gehörten, die uns Heimat und Geborgenheit gaben. Wir trugen eine tiefe Weisheit in uns, als Kinder. Zu dieser Zeit waren wir noch nahe bei Gott, oder wie wir es nennen mögen, wir waren noch nicht lange aus der wesentlichen Kraft herausgeboren, also »entfernt«. Zunächst hatte der Tod nichts Schreckliches für uns. Wir lernten erst durch die Angst der »Großen«, daß Sterben etwas Furchtbares sein muß. Uns selbst bedeutete es nichts, wir nahmen es hin – es war ein Teil des großen Ganzen, in dem wir weiterexistierten.

An dieser Stelle möchte ich einfügen, daß ich seit Jahren in der unmittelbaren Nähe von vielen fremden und mir näher bekannten Kindern lebe. Mein Atelier steht inmitten einer Kinderwelt: Gegenüber ist ein Spielplatz; von meinem Schreibtisch aus sehe ich tagtäglich Kinder verschiedenen Alters und unterschiedlichster Nationalität herumtoben, zusammenkauern, zu mir hereinwinken. In Nöten und in Freuden hat schon so manch kleiner Schicksalsgefährte auf meine Klingel gedrückt – und ich lasse mich, sofern meine Arbeit es mir erlaubt, gerne ein auf diese Welt, die ich als Teil meiner örtlichen Bestimmung akzeptiere, solange ich hier lebe.

Die Konfrontation mit dem Tod nun habe ich schon mehrmals bei Kindern beobachtet: Kleinere Kinder, die sehr wohl begreifen, daß hier ein Leben vorbei ist, rennen vor keiner toten Katze weg – sie betrachten sie, stumm, mit Ehrfurcht und sehr wissenden Augen. Sie suchen angesichts eines toten Tieres nicht von sich aus den Schutz der Erwachsenen; sie kommen damit zurecht. Fragen nach dem Warum werden erst nach einiger Zeit der Ruhe und des Abstands vom toten Tier gestellt, und sie tragen meist keine Not, keine Verzweiflung in sich. Sie sind eher so gestellt, als frischten ihre Antworten eine Erinnerung auf. Es sind die größeren Kinder, die entsetzt und angeekelt reagieren.

Beim Verlust eines individuell bekannten und geliebten Wesens verhält es sich ähnlich: Die Kleineren, die Fünf- und Vierjährigen, reagieren bedachter und wissender. Tränen der Trauer fließen hier nicht. Als eine Nachbarin in unserem Viertel starb und auf der Bahre, mit einem weißen Tuch vollständig bedeckt, aus ihrem Haus getragen wurde, versammelte sich auf der Treppe zu meinem Atelier eine kleine und stille Kinderschar; wir saßen eng beisammen, und ich erzählte den Kindern von den Kräften des Himmels. Sie verstanden sofort, wußten auch etwas dazu zu erzählen oder nickten. Auch hier standen die größeren Kinder mit spürbarer Ängstlichkeit dabei.

Das Leben, so wie wir Menschen es uns eingerichtet haben, entfernt uns oft bis über die Mitte der Lebensjahre viel zu sehr von der eigentlichen Urkraft. Wir sollten mehr am Erhalt des uns mitgegebenen Wissens arbeiten – und am Erhalt des Urwissens der uns anvertrauten Kinder. Dort, wo die Entfernung vom Wesentlichen schon sehr weit fortgeschritten ist, müssen wir seine Nähe um so bemühter erringen.

In der Zeit vor dem Tod eines Menschen – ganz gleich, wie er gelebt hat – hat sich nach meiner Beobachtung übrigens sehr oft *wieder* die Sicherheit des wesentlichen Urwissens eingestellt, unabhängig von der Anzahl der Lebensjahre. Wenn das Ende des irdischen Lebens naht, scheinen sich die Menschen zu verändern. Sie verändern sich nach außen, spürbar für ihre Mitmenschen, aber es ist auch eine andere Ruhe in ihnen als in der Zeit zuvor, eine tiefe Ahnung. Menschen, die in die Nähe des Todes gerieten und anschließend doch weiterlebten, schildern allesamt etwas, das eine große Vertrautheit assoziiert. Ich selbst habe nach einer schweren Krankheit in frühen Jahren ähnliche Empfindungen gehabt. Sie haben mich bis heute nicht verlassen.

Wir können uns, bildhaft gesprochen, unser Leben als das Feld unserer seelischen, freiwilligen Entwicklung vorstellen, in das uns eine liebende Hand hineingibt, die uns am Ende des Feldes wieder entgegennimmt. Niemand geht unterwegs verloren, keiner von uns, wie immer er auch lebt. Und doch sind wir uns selbst überlassen: Es liegt allein an uns, im Laufe wie vieler Leben wir den besten Weg durch unser Feld erkennen, von dem aus wir seinen *gesamten* Reichtum zu sehen und zu ernten in der Lage sind.

Ich fasse zusammen: Wir können – und sollten! – einem großen Sinn vertrauen. Was die Forschung uns an Erkenntnissen bietet, müssen wir zwar wachsam verfolgen, schon allein, um nicht Opfer jener Errungenschaften zu werden. Es scheint aber ein unverrückbares Element unseres Erdenlebens zu sein, daß wir die letzten Geheimnisse nicht kennen. Uns in dieser Prüfung aktiv dem Wesentlichen zu übereignen, uns bewußt für diesen Weg zu entscheiden, ist unsere Aufgabe. Die ganze Wahrheit kennen wir nicht. Wir *existieren* aber, empfinden uns – und Gott kennt und liebt uns, jeden in seiner Art. Wir sind aufgefordert, seiner Idee gerecht zu werden. Im Laufe vieler Leben können wir die wesentliche Kraft bewußt zu einem Teil unseres Selbst machen und unser Selbst dadurch wiederum zu einem Teil dieser Kraft. Unser individuelles Selbst geht dabei nicht verloren. Was wir uns an Gutem, Reinem durch unser eigenes Selbst erringen, wird an der Seite Gottes sein. Die wesentliche Kraft braucht auch uns.

Vor diesem Wissen zu fliehen bedeutet Zurückgeworfensein in ein geringeres Bewußtsein, auf eine niedrigere Stufe von Teilhaftigkeit. Wenn wir nicht lernen, was wir hier auf Erden lernen sollen, und statt dessen in Materie fliehen, die nur ein Gleichnis ist, in Drogen, in Nihilismus oder Zynismus, bedeutet das eine Verlängerung unseres Rückwegs in die Wesentlichkeit. Wir werden uns nur befreien, wenn wir auf das Wesentliche hinleben. Und den Weltenlauf dadurch eines Tages mitbestimmen.

Sie könnten jetzt vielleicht denken, daß ich sehr unkritisch sei, blindgläubig oder »bigott«. Ich hoffe jedoch, Ihnen im Laufe dieses Buches auch meine analytischen Fähigkeiten und meine Gabe zur Kritik gezeigt zu haben. So erlaube ich mir nun, mich gegenüber den rein naturwissenschaftlichen Argumenten, die gegen das Obenstehende sprechen wollen, zu verweigern. Es scheint mir auch sinnlos, mit Beweisen in eigener Sache um sich zu schlagen – es wäre nicht das, was wir so notwendig brauchen. Vom Gegenteil des Glaubens tragen wir mehr als genug in unseren Herzen, und das ist eine schwere Last. Dieses Buch spricht Ihr Vertrauen an, Ihr inneres und vielleicht vor Ihnen selbst verborgenes Wissen. Darum erzähle ich Ihnen von meinem Wissen, das mich trägt, mir Kraft gibt und mich arbeiten läßt. Ich halte diese Mitteilung an Sie für eine meiner Aufgaben in der Welt. Und da ich fühle, daß wir alle einander angehören, bin ich mir sicher: In Ihrem Inneren ist das Pendant zu meinem Vertrauen vorhanden – auch wenn Sie sich intellektuell wehren möchten. Unser Intellekt ist jedoch nur ein kleinerer Teil unseres ganzen und wahren Selbst. Wo immer wir lieben, beweist sich dieser Satz stets von neuem.

Halten Sie jetzt bitte inne, und kehren Sie zu sich selbst zurück. Was geht in Ihnen vor, was fühlen Sie?

Wenn es die Sehnsucht ist, ich möge mit meinen Ausführungen nur recht haben (und das würde ich mir wünschen), so fühlen Sie mit dieser Sehnsucht eine tiefe Wahrheit Ihres Lebens. Wäre da keine Erfüllung, so gäbe es auch die Sehnsucht nicht. Die Sehnsucht ist immer ein Vorbote der möglichen Erfüllung. Folgen Sie dieser Sehnsucht nach Geborgenheit in sich nun bitte, wie man einer Liebe folgt, sie umkreist, sie zulassen und möglich machen will. Wo immer Sie sich sehnen, können Sie eine Beziehung aufbauen oder es zumindest versuchen. Sie können zu Menschen, zu einer Musik, zu einer Arbeit eine Beziehung aufbauen, auch zu einem Gedanken und erst recht zu einer Hoffnung. Gehen Sie also Ihrer Sehnsucht nach dem Sinn all Ihrer Wege und Prüfungen, Ihrer Sehnsucht nach der göttlichen Idee auf den Grund. Machen Sie sich auch Gedanken darüber, was die Aussage dieses Kapitels nun konkret in Ihrem Alltag bedeuten kann – in bezug auf Ihre Umwelt, in bezug auf Sie selbst.

Es gibt noch etwas, das ich Ihnen im Zusammenhang mit der Geborgenheit in einem allumfassenden Sinn sagen möchte. Haben Sie nicht auch schon erlebt, daß eine Prüfung in Ihrem Leben (ein Erlebnis, ein Umstand), die Ihnen zum Zeitpunkt des Geschehens uneinsichtig war und Ihnen zu hart oder gar grausam erschien, sich im nachhinein als gut oder richtungweisend herausgestellt hat? Dann können Sie dem folgenden Satz aus eigener Erfahrung heraus zustimmen: Das Schicksal ist klüger als wir. Wir bleiben allerdings in ihm dafür verantwortlich, seine Klugheit zu erkennen und seine Lehren anzunehmen. Jedenfalls ist es auch ein Teil Ihres Schicksals, daß Sie gerade *dieses* Buch in Händen halten.

Die Welt ist ein Gleichnis, um unsere Seelen freiwillig zur Rückkehr zu bewegen. Gehen wir aufmerksam und voller Vertrauen den Weg unserer geistigen Ausbildung, den Weg unserer persönlichen Vervollkommnung. Entscheiden wir uns bewußt dazu, Gott, dem Wesentlichen, und nicht seinem abgespaltenen Selbst, dem Luziferischen, Folge zu leisten.

Tun Sie Ihr Möglichstes in diesem Leben! Sehen Sie Ihre Prüfungen, Ihre Mitmenschen und sich selbst mit den wissenden Augen der wesentlichen Liebe an. Sie sollen Ihr wahres, gutes Selbst finden, stärken und verschenken. Kein anderer ist Sie selbst, nur Sie tragen die Verantwortung für Ihren Weg. Ihre Prüfungen sind Ihre Aufgaben.

Kommen wir auf ein bereits beschriebenes Bild zurück: Ihr Beitrag zum Wesentlichen ist das Buch Ihrer Seele. Wo seine Zeilen aus Gewalt oder Verweigerung bestehen, wird sich letztlich der Weg unserer Welt zu Gewalt und Blockade hin entwickeln. Dies stellt im Sinne des Erläuterten einen Schritt in die falsche Richtung dar; wir müssen aus ihm lernen, wo immer wir ihn erleiden. Lernen heißt in diesem Fall erkennen und eine Wiederholung zu vermeiden versuchen. Und dort, wo wir selbst in dieser so grausamen, weil unorientierten Gesellschaft Opfer irgendeiner Form von Gewalt werden, müssen wir diese Prüfung annehmen und zum Guten zurückführen.

Sie sehen, ich bin überzeugt, daß in jedem Erlebnis unseres Lebens eine Botschaft liegt. Es gibt heute schon viele Menschen – und es werden immer mehr –, die aus erlittenem Schmerz heraus (und der Erkenntnis darüber) anderen helfen, den ihren anzunehmen und dadurch über das Wesentliche mehr zu erfahren. Diese Menschen haben ihren Sinn durch eine harte Prüfung gefunden. Vielleicht sogar hat manch einer von ihnen erkennen können, welche Vorgeschichte seines Lebens das später eingetretene Leid für ihn persönlich nötig machte, um dahin zu kommen, wo er jetzt steht. Zunächst, scheint mir, ist jede Prüfung sanft. Härtere Prüfungen kommen da auf uns zu, wo wir uns den leiseren Botschaften verweigern. Und manch ein Leben enthält als einzelnes Erdenleben so viele Prüfungen, daß ein weiter Weg in kurzer Zeit zurückgelegt wird. Dieser Gedanke trifft sich mit der Überzeugung in vielen Religionen, daß die Hartgeprüften die Gottgeliebten sind.

Zum Abschluß dieses Kapitels möchte ich noch einmal zu seinem Ausgangspunkt zurückkehren. Trotz all der Zeichen, die uns die wesentliche Kraft sendet, *schweigt* sie. Gott wartet und schweigt. Wir selbst müssen unseren Weg erkennen, uns zu ihm hinwenden, uns für ihn entscheiden. Wie für den unverstellten Blick auf die Rose – und für die Ruhe, die dann unsere wesentlichen Gedanken entstehen lassen kann.

Die Rose auf meinem Schreibtisch ist noch immer weit geöffnet. Sie wartet – mit der unendlichen Geduld des Himmels über unseren Wegen. Sie zeigt mir das Wunder, das sie ist – und schweigt.

Eingedenk des Wesentlichen beginnen: das unverfälschte Sein

Jeder von uns hat bei näherer Beschäftigung mit dem Wesentlichen seine eigene Vorstellung von einem allumfassenden Sinn. Jeder hat eine mehr oder weniger vage Ahnung des spezifischen Auftrags, zu dessen Erfüllung er hier auf Erden lebt, oder er verspürt zumindest den Wunsch, diesen Auftrag herauszufinden.

Am schönsten wäre es, das Kapitel »Über die göttliche Idee« hätte Sie wie selbstverständlich dazu verleitet, Ihre persönliche Definition vom Sinngefüge unseres Lebens niederzuschreiben. Sie können es jetzt noch immer tun, falls Sie gar nicht daran dachten und Sie diese Anregung als inspirierend empfinden. Wenn dem so ist, dann geben Sie diesem Gefühl bitte nach, und legen Sie das Buch eine Zeitlang zur Seite. Setzen Sie sich in Ruhe mit Ihrer eigenen Betrachtung über einen allumfassenden Sinn auseinander, mit Ihren diesbezüglichen Zweifeln und Hoffnungen. Ich bitte Sie sogar darum. Die Anregung von Denkprozessen ist mir wichtiger als die Übereinstimmung Ihrer Gedanken mit meinen. Denn nun ist meine Arbeit an diesem Buch wieder an einem Punkt angelangt, an dem Sie in Ihre eigene Arbeit an Ihrem Leben einsteigen müssen – wenn Sie dauerhaft etwas aus der Lektüre der »*Ästhetik des Alltags*« gewinnen wollen.

Die aktive Beschäftigung mit Ihrem individuellen, geistigen Universum ist für Sie sicherlich der schwierigste, aber gleichzeitig wichtigste Teil dieses Buches. Vielleicht ist es Ihnen eine Hilfe zu wissen, daß Sie diese Arbeit, die viel persönliches Glück für Sie bereithält, früher oder später sowieso werden verrichten müssen, da sie die Aufgabe unseres Lebens schlechthin darstellt. Hierzu im folgenden einige Gedanken.

Unser geistiges Universum sind unsere Seele und der Zusammenhang, in dem diese existiert. Was der Begriff »Seele« meint, ist auf ausschließlich rationaler Ebene *nicht* beantwortbar. In unserem Gefühl kennen wir die Antwort. Wir fühlen, daß unser wahres Selbst nicht zu siebzig Prozent aus Wasser besteht und sich in Nahrungsaufnahme und Nahrungsausscheidung erschöpft. Wir fühlen, daß unser immaterielles Selbst unser wahres Selbst ist, unser Körper nur das Instrument, um diesem wahren Selbst für die Dauer unseres Erdenlebens Gestalt und Handlungsfähigkeit zu verleihen. Die Seele, darin stimmt die evolutionär begründende Wissenschaft mit jenen, die an den Schöpfungsgedanken glauben, überein, ist im Körper nicht zu orten. Das »noch«, das die Naturwissenschaftler so gerne vor dieses »nicht« schreiben, zeigt erneut, in welchem Dilemma sich ihre Lehre befindet. Denn kein Mensch kann sich vorstellen, lediglich ein *noch nicht* entschlüsselter Code, eine genetische Funktion, zu sein. Also *ist* es auch nicht so.

Die Seele faßt all unsere Empfindungen, Erlebnisse, Handlungen und Absichten zu einem geistigen Selbst zusammen, das vor allem unsere Persönlichkeit, unsere Ausstrahlung, unser ganzes Sein ausmacht. Unsere Seele ist immer da, ob wir wachen oder träumen, ob wir unseren physischen Leib verletzen oder uns in ihm wohl fühlen. Sie begleitet uns hier auf Erden, um das in sich aufzunehmen, was wir an Immateriellem erarbeitet haben. Sie ist mehr wir selbst als alles andere, sie ist der Engel, der in uns mitgeht, uns zusieht, sich an uns erfreut oder über uns weint. Der unsterbliche Engel.

Und nun bitte ich Sie, im stillen und für sich selbst mit den folgenden Fragen umzugehen: Was soll Ihre individuelle Seele hier auf Erden lernen? Warum ist Ihre Seele hier? Der Grund kann nicht sein: um Materie zu bewegen. Um welche Erkenntnis zu erringen sind Sie mit Ihrem immateriellen Selbst auf diese Welt gekommen? Welche Lehren deuteten sich bisher in Ihrem Leben an – und wie haben Sie sie umgesetzt? Wenn Sie überzeugt sind, daß die materielle Ebene unseres Daseins nur ein Gleichnis ist, an dem sich die immaterielle Wahrheit überprüfen und ausbilden soll, was haben Sie bisher für die höheren Zusammenhänge getan? Sind Sie an Ihr wahres Leben bisher immer und ganz herangekommen? Diese Frage meint: *Wie echt leben Sie?*

Die Echtheit in unserem Leben, nach der wir alle uns so schmerzlich sehnen und unter deren Unterdrückung wir leiden, wird nur dann wieder in unserem irdischen Miteinander zu leben und erleben sein, wenn wir uns seelisch öffnen und uns zur Arbeit an unserem geistigen Selbst bewußt entschließen. Dann können wir zu uns selbst und zu unseren Mitmenschen gelangen, denn die Zusammenhänge unseres geistigen Universums sind es, die uns eine wahre, echte Verbindung ermöglichen. Nur aus ihnen kommt die Kraft, das Materielle als vorübergehende Erscheinung zu betrachten, und die Unechtheit, das Verlassensein, alle Abgrenzungen und Schranken zu durchbrechen. Aus dieser Seelenarbeit, zu der der einzelne konkret beitragen kann, kommt die Kraft für ein unverfälschtes Sein, die Kraft zu einer wirklichen Gemeinsamkeit.

Es ist unerläßlich, daß wir uns mit unserem wahren Selbst beschäftigen, daß wir unser geistiges Sein ordnen – damit wir glücklicher und freier werden können, als wir es heute sind. Ein klar orientiertes geistiges Sein ermöglicht uns eine klare und offene Haltung in allen irdischen Belangen, auch in den zwischenmenschlichen. Eingedenk unseres geistigen Universums können wir unser ganzes

Ich entdecken und dadurch unverstellt und wahrhaftig auf andere zugehen.

Ich fordere Sie also auf, sich mit Ihrem geistigen Sein, dem Immateriellen in Ihnen und um Sie herum, zu beschäftigen. Sie werden dabei zu Ergebnissen gelangen, die mit den Ergebnissen von keinem anderen Menschen hier auf Erden identisch sind. Für ein echtes Miteinander und ein unverfälschtes Sein ist jedoch die Übereinstimmung der Ergebnisse keinesfalls erforderlich. Denn allein die *Bemühung um wesentliche Werte*, die Arbeit an Ihrem geistigen Selbst, ist es, die in Ihnen im Lauf der Zeit eine innere Ordnung und wahre Zufriedenheit erwachsen läßt. Sie werden durch dieses Gefühl der Sicherheit, das innere Ordnung und echte Zufriedenheit mit sich bringt, für andere freier und offener. Durch die Arbeit an dem Beitrag, den speziell Sie zum Immateriellen leisten können, werden Sie sich in einem höheren Zusammenhang individuell akzeptiert fühlen. Die wesentliche Kraft hat mit jedem Menschen hier auf Erden eine eigene Geschichte. Denken Sie daran – und auch, daß es Ihr Auftrag ist, diese Geschichte zu erkennen und danach zu leben.

Alles, was uns dauerhaft glücklich machen kann, ist geistig, ist immateriell: Liebe; Vertrauen, das wir geben und erleben dürfen; die Sicherheit, aufgehoben, gemeint zu sein und nicht verlorenzugehen; die Geborgenheit in einem Sinn; das Wissen um die Unsterblichkeit unserer Seelen; die Ahnung, daß wir die Seelen jener, die wir auf Erden wirklich lieben, nach dem Tode wiederfinden können. All diesen Hoffnungen und ihrer Beantwortung durch *Realität* können wir uns aktiv nähern: mit unserer Bemühung um sie. Nur so werden wir eines Tages in der Lage sein, ganz an unsere individuelle Echtheit heranzukommen, sie (wieder) zum Guten hinzuwenden und das Buch unserer Seele zur Vollendung zu bringen.

Auch dieses Kapitel enthält praktische Vorschläge, wie Sie verfahren können. Es wäre anmaßend, diese Vorschläge als die genau richtigen für Sie darzustellen – sie können nur ein Denkmodell sein. Sie persönlich sind dazu angehalten, sich mit Ihrem Verhalten im Alltag zu beschäftigen. Niemand kann Ihnen diese Arbeit abnehmen, denn Veränderungen in Ihrer Methode herauszufinden und Tag für Tag zu verrichten, stellt einen Teil Ihrer Prüfung dar.

So verschieden wir auch sind, wir alle haben bestimmte, von Anfang an mitgegebene Wünsche gemeinsam. Einer davon ist, daß wir – in unserer westlichen Zivilisation – uns danach sehnen, konsequent ein anderes Leben zu beginnen. Ein Leben, das nicht an uns selbst und an unseren Mitmenschen vorbeischlittert; ein Leben, in dem wir in unserem Innersten angesprochen sind und andere in ihrer Unverwechselbarkeit wahr- und annehmen können. Ein Leben, in dem wir Mut zur Vielfalt haben, Kraft zur Akzeptanz des Individuellen und doch ein echtes Miteinander; in dem wir eine grundsätzliche, gemeinsame Liebe nicht vermissen müssen. Ein Leben ohne hilflose Rekordsucht; ein Leben mit Zeit und freiem Raum für unsere seelischen Entwicklungen; ein Leben, das uns wieder glauben läßt.

Diese Sehnsucht in uns eint uns – und damit ist in jedem von uns etwas da, was ihr zur Erfüllung verhelfen kann. Wir müssen es *wollen* und den persönlichen Mut aufbringen, den uns ein Neubeginn kostet. Die Jahre unseres Lebens, die wir damit verbrachten, diese Vision eine Utopie zu nennen, hätten wir längst nutzen können, um sie aktiv näher zu bringen. Es ginge uns dann heute besser. Beginnen wir zumindest jetzt damit, dem Eigentlichen konsequent nachzugehen.

Führen Sie Ihren Alltag künftig bewußt und eingedenk

der höheren Ebenen unseres Seins, beseelen Sie ihn aktiv, leben Sie ihn diszipliniert und konsequent nach den Kriterien Ihres Wesentlichkeitsbegriffs und in grundsätzlicher Akzeptanz des Sinns aller Geschehnisse, Kreuzwege und Prüfungen. Selbst wenn Sie vom Sinn des Gesamten nicht völlig überzeugt sind, wird in Ihnen die Gewißheit um seine Existenz wachsen. Gehen Sie diesem Sinn immer wieder nach – täglich, besonnen und für die Wunder des Wesentlichen offen. Suchen Sie den Sinn, wo er Ihnen nicht klar ist. Sie werden ihn finden.

Organisieren Sie Ihren Alltag so, daß alles, was Sie tun, bewußt getan werden kann und Sie nicht durch Zeitvergeudung mit Unwesentlichem oder durch Desorganisation gezwungen sind, plötzlich »funktionieren« zu müssen. Erobern Sie sich Ihre Zeit zurück, durch Weglassung von »Freizeitbeschäftigungen«, die Ihre Stunden totschlagen sollen. Es gibt keine »Freizeit«. Jede Zeit in Ihrem Leben ist Ihre Lebenszeit.

Betrügen Sie Ihre Seele nicht um die innere Ruhe Ihres Alltags. So wie wir heute leben, wird sie aber fast zwanghaft darum betrogen. Reduzieren Sie, was sich an Unwesentlichem reduzieren läßt, und beseelen Sie Ihre Tätigkeiten, wo immer es Ihnen möglich ist. Tun Sie alles mit Hingabe, Genauigkeit und in Liebe. *Wie* etwas getan wird, ist genauso wichtig wie das *Was*.

Denken Sie über Ihre Lebenstage nach, über jeden. Was ist Ihnen heute geschehen? Wie war es? Was haben Sie getan? War es richtig? War Liebe in Ihrem Tag? Haben Sie Liebe gegeben? Wen haben Sie getroffen oder auch nur gesehen? Was bedeuten diese Begegnungen? Vergegenwärtigen Sie sich dabei: Ihr Leben ist nicht die Zeitung und nicht die Weltlage. Ihr Leben, das, wofür *Sie* verantwortlich sind, ist Ihr Umkreis, Ihr persönliches Erleben. Ihre Mitmenschen sind die Menschen, die Ihnen begegnen, die Ihnen schreiben, die mit Ihnen reden, die sich bemühen um *Sie* persönlich. Es sind nicht die Schauspieler, Nachrichtensprecher, Fußballspieler, Ersatzmenschen, die von Plakaten oder Mattscheiben lächeln.

Wo immer Sie es können, widmen Sie sich Ihren inneren Belangen. Malen Sie, schreiben Sie Ihre Gedanken auf, beschäftigen Sie sich mit dem, was Sie tun wollen, mit Ihrem wahren Selbst. Sie werden dadurch glücklicher sein und andere dauerhaft für sich gewinnen können. Vor der Eintracht mit anderen liegt die Eintracht mit sich selbst.

Ihre Gedanken sind wichtig. Sie stellen einen Teil Ihrer konkreten Arbeit auf Erden dar. Begleiten Sie in Gedanken Ihr eigenes Leben. Überprüfen Sie sich damit. Sprechen Sie mit Ihren Gedanken andere Menschen an, von denen Sie sich beseelten Austausch erhoffen. Suchen Sie gute Gespräche, vertiefen Sie sich darin. Achten Sie stets auf ein mögliches Miteinander dabei. Schaffen Sie sich geistige Verbindungen, arbeiten Sie an ihrem Erhalt. Motivieren Sie andere.

Tun Sie, was Sie sagen, und gehen Sie offen damit um, was Sie tun werden. Beenden Sie das Aufrüsten mit Worten. Geben Sie sich bekannt. Schulen Sie Ihr Gedächtnis für Ihre eigenen Erfahrungen wie auch für die Belange der Ihnen persönlich oder geistig bekannten Schicksalsgefährten. Suchen Sie die immaterielle Botschaft, die jeweils in einem Erlebnis verborgen ist.

Handeln Sie konkret, oder verweigern Sie sich konkret. Nehmen Sie sich bei Problemen die Zeit, erst wahrzunehmen, nachzudenken und *dann* zu handeln. Leben Sie *deutlich*. Unklarheiten sind Umwege.

Wenden Sie Ihren inneren Blick immer wieder für Sekunden hinauf zum Sternenzelt oder zum hellen Himmel über uns. Sehen Sie immer wieder das große Ganze, in dessen Zusammenhang Ihnen etwas geschieht.

Arbeiten Sie an sich. Lernen Sie sich selbst kennen. Sie können das am besten allein mit sich selbst. Überprüfen Sie sich beständig, legen Sie sich selbst Rechenschaft über sich ab.

Schreiben Sie sich, angeregt durch dieses Buch, Ihr eigenes Manifest in Sachen Wesentlichkeit, Ihr Manifest für den Alltag. Beschäftigen Sie sich immer wieder damit; Sie ahnen vielleicht jetzt schon die Lust, die Ihnen diese individuelle Kreativität bereiten kann – überdies bringt sie Sie ein großes Stück weiter! Seelisch weiterzukommen bedeutet, mehr von der beglückenden Fülle der Wesentlichkeit entdecken zu können.

Und eines möchte ich noch zu bedenken geben: Aktion ist im Leben weit *besser als Reaktion* – immer vorausgesetzt, Sie sind sich über Ihre Handlungsweise im klaren. Seien Sie einfach anders, leben Sie anders, kämpfen Sie gegen nichts an. Verbessern Sie sich. Es müssen gute Kräfte frei werden in der Welt, nicht ungute. Mit all den Mißständen in unserem Leben umzugehen, fordert ungute Energien in uns heraus. Lösen wir die Verirrungen auf, indem wir *anders* sind. Die dafür eingesetzte Liebe kommt nach einiger Zeit auf uns zurück.

Sie sind frei, sich Ihrem Sinn, Ihrer Vorstellung von einer göttlichen Idee hinzugeben. Frei, sich dem Guten zuzuwenden. Nehmen Sie das gläubige Kind in sich an die Hand, hören Sie auf seine Stimme, die Ihnen manchmal, nicht nur in der Not, von einem Gott spricht, den wir noch nicht oder nicht mehr kennen. Sie können dieser Stimme in Ihnen vertrauen.

»In aller Offenheit herrscht die Kälte des zwanzigsten Jahrhunderts.« So lautet einer meiner Sätze in dem Kapitel »Der Mangel an Echtem und das Gefühl des Verlassenseins«. Es liegt an uns selbst, an unserem Mut und unserem aktiven Einsatz, diesen Satz umzukehren. Er muß lauten: »In aller Offenheit und Verletzlichkeit zeigen wir unsere Ahnung um einen Sinn, zeigen wir die Wärme unseres Vertrauens, unseren *Glauben* – inmitten dieses zwanzigsten Jahrhunderts.«

Nehmen Sie es auf sich – mit mir –, so unpopulär zu sein. Gehen wir offen mit unseren wahren Sehnsüchten um! Das Ergebnis unseres Mutes wird im Lauf nicht langer Zeit – je nachdem, *wie viele* sich zu ihm entschließen – die uneingeschränkte Echtheit sein, in der wir uns begegnen. Wo immer wir einander begegnen, werden wir um die Rose wissen und so, innerlich geordnet, jeder in seiner Art, zu wahrem Leben in der Schicksalsgemeinschaft Mensch fähig sein. Wir werden einander zeigen können, wer wir eigentlich sind. Wir werden nicht mehr aneinander vorbeihuschende Maskenspieler sein. Wir werden wissen, daß wir beieinander und unter dem Sternenzelt *gesehen* und *geborgen* sind. Wir werden Eitelkeit und Abwehr nicht mehr nötig haben.

Bitte arbeiten Sie jetzt weiter: mit Gedanken und durch Taten.

Die Orientierung in sich selbst: einfließen in den Willen der wesentlichen Kraft

Nehmen wir alle Gedanken dieses Buches in einem, mit allen Bildern und Vorschlägen, so ist es unsere hauptsächliche Aufgabe in diesem Erdenleben, uns zu besinnen, uns in Glaubensdingen zu orientieren und, sobald wir die innere Sicherheit über unsere Orientierung gewonnen haben, den vor uns liegenden Weg in aller uns möglichen Konsequenz zu verfolgen. Dieser Weg, so meine ich, führt uns durch eine nötige Anzahl irdischer Leben hindurch, in deren Verlauf wir zunehmend erkennen, daß das Sichtbare, Faßbare nur ein Gleichnis ist, an dessen Prüfungen und Möglichkeiten wir unser wahres Selbst vervollkommnen. Diese geistige Vervollkomnung ist unsere Hauptaufgabe, solange wir physisch Gestalt haben. Eines Tages werden wir dann als rein geistige Wesen eingehen in die wesentliche Kraft und als ein individuelles Teilwesen dieser Kraft den Lauf des Erdengeschehens mitbestimmen. Wir können selbst eines Tages die Hoffnung werden, die uns heute wie aus der Ferne leitet.

Dieses Leben ist uns als Chance unserer seelischen Entwicklung gegeben und soll in all seinen Prüfungen, Schmerzen und Versuchungen von uns durchlebt und zum Geistigen, Immateriellen hingewendet werden. Dabei ist es von größter Bedeutung, daß jeder von uns ein ganz eigenes Wesen ist und es mithin keinerlei Dogmen und Gebote geben darf als nur dieses eine: Suche dich in Wahrheit – und du wirst immer das spezifisch Gute finden.

Jeder von uns ist dazu angelegt, ein Teil Gottes zu sein.

Jede Stunde unseres Lebens ist wichtig. Unser Erdenleben zu führen und zu erhalten ist nötig, denn nur das irdische Gleichnis kann uns zeigen, was unser freier Wille vermag – im guten wie im bösen. Unser innerster und wahrer Wunsch ist es, trotz aller gegenteiliger Versuchungen zurück zu unserem Vater, dem *Schöpfer* Luzifers, zu finden. Zurück zu unserem Ursprung, der rein ist und liebevoll. Wir sind mit freiem Willen begabt in den Fortlauf unseres Werdens gegeben worden, um uns *frei-willig* zu unserer göttlichen Herkunft zu bekennen. Jeder in einem einzelnen Selbst.

Ich denke, Sie werden in Anbetracht all dessen meine Behauptung verstehen, daß jeder Mensch seinen eigenen Glauben darstellt. Die Arbeit an Ihrem eigenen geistigen Selbst kann nicht gemeinschaftlich ritualisiert werden, sie kann auch nicht materialisiert werden in einer Art Vereinssatzung, wie sie heute vielfach den Kirchengemeinden zugrunde liegt. Kirchen heute können nur den einen Sinn in sich tragen: eine Vielzahl von Einzelsuchenden zum gemeinsamen Austausch von grundsätzlich Gutem zu vereinen. Niemand kann seine individuelle Prüfung an eine Gemeinschaft abgeben. Aus meiner Sicht bedarf es für einen Zusammenschluß von Schicksalsgefährten, die zur geistigen Vervollkommnung gewillt sind, keiner anderen Organisation außer der eines Gesprächskreises.

Gott, wie er sich uns wirklich zeigen kann, in unserer Rose, muß andere Botschafter auf Erden haben als die, die heute vielfach dafür gehalten werden. Er muß in jedem von uns vertreten sein – suchend und schmerzensreich, zärtlich, liebend, wissend und erlöst. Er ist ein Gott des Individuums – und ein heiterer Gott.

Denken Sie doch auch einmal an die irdische Existenz, die wir alle unter dem Namen WOLFGANG AMADEUS MOZART kennen. Mozart war im Immateriellen zu Hause.

Sein irdisches Leben diente vor allem dem Zweck, Immaterielles in sich freizusetzen und in anderen zu bewegen. Was er physisch war, wie er lebte, liebte und litt, all das verblaßt unter der Größe dessen, *wofür* er war. Hier, und das fühlen Sie sicher genauso wie ich, haben wir es mit einer höchsten Entwicklung, der Endstufe des irdischen Lebens zu tun, nicht erklärbar durch ein besonderes Gen oder einen menschgewordenen Zufall. Hier zeigt sich die wesentliche Kraft in ihrer vollständigen Durchdringung eines Menschen.

Zwei weitere Gedanken möchte ich zu Wolfgang Amadeus Mozart anfügen: Die wahrhaftige Beschäftigung mit dem Immateriellen ist individualisiert, von außen nicht regulierbar und nicht vereinnahmbar. Die Musik ist *in uns*. Wir alle sind dazu angelegt, ein Teil der wesentlichen, der göttlichen Symphonie zu sein. Widmen wir uns also unserem Klang und unserem Instrument!

Und: Wolfgang Amadeus Mozart war Mensch. Ein eigenwilliger Gottsucher, ein fröhlicher »Sünder« kann in seiner ernsten Kenntnis um die Welt mehr zu Gott beitragen als ein frömmelnder Prediger, der den Teil seiner luziferischen Kraft nicht durchlebt und überwindet, sondern abgrenzend von sich weist. *Mit* dem gefallenen Engel in uns müssen wir zurückfinden.

Gott – oder wie immer wir ihn nennen mögen – will uns die Fülle der selbsterworbenen Weisheit schenken. Also sehen und suchen wir ihn *ganz*, mit seinem eingeborenen *und* seinem erstgeborenen Sohn *in uns* – um auf dieses Urbild zurückzukommen. Wir können gewiß sein: Das Ende unserer Reise, wenn wir sie erkennen, führt zum Licht.

Was uns fehlt, ist die Gemeinschaft potenter, lustvoller und nachdenklicher Suchender. Wir *leben* und wir wollen miteinander über dieses Leben reden; über unsere Ängste, Sehnsüchte und Hoffnungen, über das, woran wir glauben. Es könnte eines der wichtigeren Ziele einer neuen Menschengesellschaft sein, im Kaffeehaus künftig mehr über Gott und weniger über den letzten Modeschrei zu reden. Einfach, weil uns selbst das eine ungleich mehr bedeutet als das andere. Mehr Demokratie, mehr Gedankenfreiheit, als wir sie heute haben, werden wir nicht erringen können – es kommt jetzt alles darauf an, wie wir unsere Freiheit *innerlich* füllen.

Wenden wir uns also ab von all jenem, das uns verstört, unsere Verzweiflung überdeckt und die effektbetonten Wohlstandsmoden bedient – wenden wir uns unserer *Menschwerdung* zu. Unserer Vervollkommnung. In jedem von uns kann die Seelenweite eines Mozart (oder Rodin oder Steiner oder ...) wachsen – die individuell Verschiedenes beiträgt, wenn sie einfließt in die wesentliche Kraft.

Ob wir jetzt der Sehnsucht nach einem anderen Leben abwinken oder es für uns selbst – jeder in seiner Art – zu verwirklichen suchen, liegt allein an uns. Niemand hindert uns daran, das, was an Sinnlosem um uns herum ist, nicht mehr zu *wollen*. Wenn wir uns – heute! – die Hand reichen für ein beseeltes Leben, ein Leben in Wesentlichkeit, wenn wir die anfänglichen Zweifel, Irritationen und Verunsicherungen, die vielleicht auftreten mögen, überwinden – dann können wir wieder froh werden. *Wahrhaftig* froh. Nehmen wir das gütige Angebot des Himmels an: Finden wir zurück! Suchen wir den richtigen Weg, den wir im Innersten kennen – jeder für sich. Und Hand in Hand.

Nachwort

Dieses Buch entstand, wie Bücher normalerweise nicht entstehen. Ich hatte zu keinem Zeitpunkt vor, es zu schreiben – und wußte doch immer, daß ich es eines Tages schreiben würde. Ich fand lange nicht die richtige Offenheit, die rechte Bescheidenheit, einen »Begleiter« zu schreiben, der genau untersucht, was da in unserem Leben vor sich geht und wie wir besser damit umgehen könnten. Ein Buch, das der Suche des einzelnen nach seiner wahren Heimat gerecht wird.

Die Belange des Glaubens bewegten mich von jeher. Selbst an jüdischer Kultur interessiert und teilweise sehr warm von ihr umgeben, wurde ich dennoch konfirmiert. Nun sah ich mich schon damals nicht in der Lage, eine Predigt über mich ergehen zu lassen, die nach genormten Riten einer Institution verfaßt sein würde. Wir waren zwanzig junge Menschen, jeder anders, und sollten alle nach *einer* Art von *einem* Vertreter *einer* Kirche »eingesegnet« werden ... Gott oder was immer es ist, dachte ich damals, muß größer sein, viel größer. Ich hatte das unzufällige Glück, daß genau jener Pfarrer, der mich zu konfirmieren hatte, meine Bedenken verstand – und zuließ, daß ich bei dieser Zeremonie für mich selbst sprach, mit meinen eigenen Worten. Dieser Mann, obwohl ich später die Kirche doch verließ, hat meinen Weg mitgeprägt.

Später, ich weiß nicht warum, wurde ich an die Sterbebetten vieler Menschen gerufen. In mir war nie Angst vor den Toten. Sie schienen mir hinübergegangen, übersiedelt zu sein, nicht mehr hier, sondern an einem anderen Ort, um weiterzulernen. Der Tod ist eine Zäsur, und er ist gut. Ich habe es nie anders empfunden und spürte doch, je älter ich wurde, daß unser Tod, auf den wir alle zugehen, auf hartnäckige Weise von unserer Gegenwart geleugnet wird. Also, schlußfolgerte ich, wird das *wahre* Leben zurückgedrängt.

Diesem Gedanken ging ich in jahrelangen Studien für mich selbst nach. Ich beobachtete, schrieb auf, was ich sah, arbeitete an meinen Notizen. Meine Wut über die Zeit, die das Eigentliche, das Wichtigste nicht beim Namen zu nennen wagt, wich eines Tages der Gewißheit, daß ich würde handeln müssen.

Aus diesem Wissen heraus reduzierte ich meine Arbeit bei Film und Theater, die ja eine grundsätzliche Akzeptanz von mir fremden Rollen voraussetzte, und widmete mein Leben immer intensiver und endlich ausschließlich der Suche nach dem Ganzen, dem Wesentlichen. Ich zog in ein Atelier, das in karger Schönheit ganz auf meine Arbeit ausgerichtet ist – und schrieb. An etwas ganz anderem als an diesem Buch, an einem Roman.

Eines Tages brachte mir eine Freundin ein Buch über Engel. Ich las es in zwei Nächten und war davon berührt wie von keinem Buch zuvor. Ein Traum fiel mir ein, den ich vor Jahren in einer tief verzweifelten Situation hatte: Der Rücken eines für mich unerkennbaren Wesens erschien vor mir, der ganz aus weißen Federn bestand. Ein Flügel zeigte sich mir – ich berührte ihn und wachte davon auf.

Noch in derselben Nacht, in der ich mich wieder an diesen Traum erinnerte, stellte ich alle meine Notizen über das verdrängte wahre Leben zusammen, auch meine Sicht der Lösungsmöglichkeiten für unsere Not. Ich verfaßte ein Exposé – und schickte es den Verlegern des Engel-Buches.

Dort saß ein Mensch, der ahnend vertraute – und diese Arbeit kritisch und mit großer Offenheit befördert hat. So liegt sie nun vor Ihnen – in Form gebracht und an manchen Stellen ergänzt von Verbündeten, von denen ich nach Abschluß der Arbeit noch einiges über das »Wie« lernen durfte.

Mein Wunsch ist, daß Sie dieses Buch für sich verwenden.

Regina Faerber